AI 비즈니스 전쟁

미래 비즈니스에서 살아남는 AI 활용법

KETTEIBAN AI JINKO CHINO

by Shinya Higuchi, Otoya Shirotsuka

Originally published in Japan by TOYO KEIZAI INC.
Korean translation rights arranged with TOYO KEIZAI INC., Japan
through THE SAKAI AGENCY and IMPRIMA KOREA AGENCY.

AI 비즈니스 전쟁

미래 비즈니스에서 살아남는 **AI 활용법**

히구치 신야, 시로츠카 오토야 지음

이음연구소 옮김

어문학사

일러두기_

옮긴이 주는 괄호 안에 표시했으며, 여의치 않은 경우에는 각주를 달았다.

AI라는 용어를 듣는 순간 어떤 이미지가 떠오르십니까?

"AI라는 용어를 듣는 순간 어떤 이미지가 떠오르십니까?" 이렇게 질문하면 대부분의 사람들은 무엇을 물어도 정확히 답해주는 "인간과 동등한 혹은 그 이상의 지능"이라고 대답한다.

필자들은 NTT데이터의 연구개발 부문에서 AI에 대한 연구를 수행 중이며, 고객(사)들로부터 연간 300건에 가까운 문의를 받고 있지만, AI를 오해하고 있는 분이 많다고 생각한다. AI를 '인간을 초월한 존재'로 이해하는 고객이 있는 반면, "비즈니스에 사용 가능한 수준에는 아직 미치지 못했다"고 폄하하는 분도 있는 것 같다. 이러한 오해가 생길 수밖에 없는 상황이라는 점은 이해하지만, 문제는 정확한 이해 없이 AI를 기계적으로 비즈니스에 적용하면 기대하는 효과를 거두기 어려워진다는 것이다. 경우에 따라서는 중요한 비즈니스 기회를 놓치게 될 수도 있다.

이러한 상황을 미연에 방지하고 싶다는 생각에서 저자들은 이 책을 집필하게 됐다. AI를 '무엇이든 대답해주는 마법의 컴퓨터'로 이해하면 비즈니스는 성공하기 어렵다. 굳이 말하자면 AI는 '생활의 다양한 부문에 녹아들어 인간을 지원하는 것'이라는 생각이 보다 합리적이다.

현재의 AI 기술로 높은 성과를 거두기 위해서는 AI에게 맡길 수 있는 일을 명확히 하고, AI를 특정 목적에 맞춰 최적화할 필요가 있다. 왜냐하면, 공들여 만든 AI가 여타 부문에도 별문제 없이 그대로 적용되기가 생각보다 어렵기 때문이다. 예를 들어 바둑에서 세계 최강을 격파한 알파고의 방식은 장기에는 적용할 수 있어도 의사의 진단 지원에는 적용하기 어려운 부분이 있다. 또한 알파고의 개발과정에는 막대한 비용이 투입됐다는 점도 잊어서는 안 된다.

현재의 AI가 인간만큼 유연성을 가지고 있지 않기 때문에, 인간을 초월한 능력을 보유하기 위해서 추가적인 막대한 투자가 필요하다고 말하면 실망하는 독자도 있을 것이다. 그러나 미리 포기할 필요는 없다. 인간만큼의 능력을 보유한 AI는 아니라 하더라도 비즈니스에 큰 변혁을 불러올 수 있는 능력을 보유한 것 역시 AI이기 때문이다.

자세한 내용은 본문에서 설명하겠지만, AI는 단순한 업무 효율화에 그치지 않고 새로운 서비스의 창조와 업계를 뛰어넘는 시장 진입, 비즈니스의 급속한 확대, 도시 및 인프라의 지능화에도 활용될 수 있다. 그리고 그러한 과정에서 이용되는 알고리즘은 최첨단이 아닌 경우도 많다. 이처럼 AI의 활용 시에는 최신 기술을 적용하는 것이 아니라 적재적소 활용이 보다 중요하다는 점을 기억할 필요가 있다. 또한 AI는 비즈니스 속도를 가속화하는 측면과, 누구나 고도의 지능을 이용할 수 있는 사회 실현을 앞당기는 측면이 있다. 이 책에서는 이처럼 일반적으로 주목하지 않는 변화에 대해서도 자세히 다루고 있다.

최근에는 딥러닝(Deep Learning)으로 불리는 기술에 대한 인지도가 급속히 높아지고 있다. AI란 딥러닝이라고 알고 있는 독자도 많을 것이다. 그러나 그것은 잘못된 견해이다. AI는 다수 존재하는 알고리즘의 총체이며 거기에는 다양한 기술이 포함돼 있다.

이 책에서는 AI에 포함되는 기술을 폭넓게 다룬다. 통계, 기계학습, 강화학습, 시뮬레이션, 인간의 지능을 거대한 데이터베이스로 정리한 온톨로지(Ontology)* 등도 AI의 일종으로 다루어지고 있다. 독자들 입장에서는 다소 이해하기 어려운 정의일 수도 있으나 이러한 방법이 비즈니스 기회를 놓치지 않는 최적의 접근법이라고 생각한다.

최근 세계적으로 AI 윤리에 대한 논의가 활발해지고 있다. "AI가 전쟁에 이용되는 것을 방지하기 위해서는 어떻게 해야 할 것인가" "AI의 능력이 인간에 근접한다면 인간에게만 인정되는 권리를 AI에게도 부여해야 하는 것인가" "인간의 수만 배나 빠른 속도로 작동하고 24시간 계속해서 일할 수 있는 AI에게 인간과 동등한 권리를 부여해도 문제는 없을 것인가" 등등이 대표적이다. 이러한 논의와 관련하여 법률 전문가만이 판단하는 것은 바람직하지 않기 때문에 기술, 윤리, 철학 등의 분야를 망라한 포괄적인 논의가 진행되고 있다.

한편 아무리 기술이 진보해도 이에 발맞추어 법률적 규제가 완화되지 않는다면 실질적인 사회 변화를 기대하기는 어려운 것도 사실이다. 아무리 유망한 비즈니스라고 해도 법률에 금지돼 있는 AI를 개발할 수는 없다. 그

---

* 온톨로지는 철학의 존재론을 의미하지만, 이 책에서는 단어와 단어 사이의 관계를 규정하는 방식을 통해 컴퓨터가 인간의 지식 체계를 갖도록 개념화하는 것으로 사용했다.

때문에 앞으로는 AI의 진화에 맞는 법률 개정이 비즈니스 활성화에 매우 큰 영향을 미치게 될 것이다.

이 책에서는 AI에 대한 오해를 해소하고, 실제 비즈니스에 적용하여 효과를 거두기 위한 AI 활용법을 다양한 각도에서 검토한다.

1장에서는 AI가 왜 생활의 다양한 분야에 침투하고 있는가를 해설한다. 그리고 AI 활용과 관련한 대표적인 4가지 패턴에 대해서 해설하며, AI로 인해 비즈니스 속도가 가속화하는 이유를 고찰한다. 또한 AI가 사회와 비즈니스에 미치는 영향에 대해서도 설명한다.

2장에서는 원점으로 돌아가 AI란 본래 무엇인가, 왜 AI 붐이 생겨나고 있는가를 정리한다. 또한 비즈니스에서 AI 적용 가능영역을 개관한다.

3장에서는 AI 확산이 불러올 다양한 산업에서의 구조적인 변화를 다룬다. 금융을 비롯하여 자동차 산업, 제조, 농업, 의료, 보안 등 특히 큰 영향이 예상되는 부문에 대해 비즈니스 현장에서 발생하고 있는 실제 모습을 살펴본다.

4장에서는 AI 활용으로 우리의 업무가 어떻게 변화할 것인가에 대해서 해설하며, 비즈니스 트렌드에 기초한 최신 사례도 다룬다.

5장에서는 글로벌 동향을 염두에 두고, 기업의 AI 활용을 가속화하기 위한 기본 전략에 대해서 분석한다.

6장에서는 AI를 비즈니스에 활용 시 특히 주의해야 할 점을 정리했다.

AI를 활용할 경우 윤리, 규제, 권리 등의 측면에서 문제가 발생할 수 있고, 이에 대한 논의와 재검토는 반드시 거쳐야 한다. 이와 관련하여 법적 측면과 사회적 수용 방식 등에 대해서도 언급했다.

AI는 사회를 크게 변화시킬 가능성이 있지만 과도한 기대는 금물이다. 기대가 앞서면 기존의 사례처럼 일시적 붐으로 끝날 수도 있기 때문이다. 이와 관련해서는 마지막 장에서 설명했다.

AI를 활용하여 건설적인 비즈니스를 실현해 나가는 과정에 이 책이 하나의 단서가 되기를 기대해본다.

주식회사 NTT데이터 기술개발본부 Evolutional IT센터

히구치 신야, 시로츠카 오토야

목 차

1장

AI는 사회와 비즈니스를 어떻게 변화시킬 것인가

가상에서 현실로 확산되는 AI의 적용 분야

최근 다양한 미디어를 통해 AI(인공지능) 관련 기사가 보도되고 있다. 빅데이터, IoT(Internet of Things), 핀테크 등이 유행하고 데이터 및 네트워크를 사용한 새로운 테크놀로지의 시대가 도래하고 있다(이러한 이미지를 가진 독자도 많을 것이다).

2025년에는 인터넷 이용 인구가 80억에 이를 것으로 추산되고 있다. 또한 2020년에는 전 세계에 흩어져 있는 약 500억 대의 디바이스가 인터넷으로 연결되고 이와 관련한 경제 효과도 14조 달러에 달할 것으로 전망된다. 이러한 시대적 변화에 대응하기 위해 독일은 공장의 스마트화를 목표로 '인더스트리 4.0(Industry 4.0)'이라고 명명한 산업 전략을 추진하고 있고, 미국도 2033년경에 센서 1조 개를 활용한 사회 실현을 목표로 'T 센서 프로젝트(T Sensors Project)'를 발족했다.

한편 IoT는 센서를 구비한 디바이스를 인터넷에 연결하고 거기에서 얻은 정보를 활용하여 디바이스를 자동 제어하거나 원격 조작하여 효율성을 크게 향상시킬 수 있다. IoT의 가장 큰 특징은 현실세계에 존재하는 물건이 인터넷으로 연결됨으로써 현실세계의 정보를 가상세계에서도 다룰 수 있게 됐다는 점이다. 최근에는 그림이나 동영상 등 데이터량이 많은 것을 다루는 일이 증가하고 있다. 또한 기계는 인간과 달리 엄청난 속도로 데이터를 계속해서 생성한다. 이들을 종합하면 2020년에는 약 40제타바이트(제타바이트=테라바이트의 10억 배)라는 엄청난 데이터를 활용하는 시대가 도래할 것이다. 이 막대한 데이터를 다룰 때 필요한 것이 바로 AI다. 그런데 다수의 센서를 부착하여 막대한 양의 데이터를 수집했다 해도 그 자체로는 아

그림 1 **데이터량의 변천**

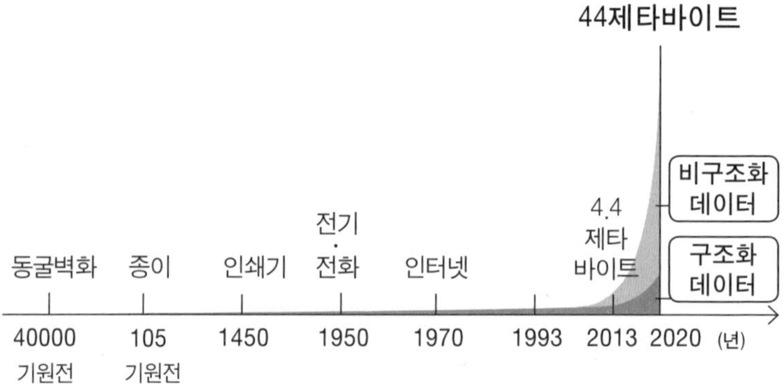

출처: Horison "Horison Information Strategies, cited from Storage New Game New Rules", EMC "The Digital Universe of Opportunities: Rich Data and the Increasing Value of the Internet of Things"**를** NTT**데이터가 편집**.

무런 가치를 만들어내지 못한다. 가치 있는 데이터를 만들기 위해서는 AI를 사용하여 분석할 필요가 있다. 그런 의미에서 IoT와 AI는 별개의 개념이 아니라 상호 밀접한 관계에 있다고 할 수 있다.

이제까지 수집이 어려웠던 실제세계의 정보를 IoT를 통해 수집하여 AI로 분석한다는 것은 달리 말하면 가상공간에서 이용되던 AI가 실제공간(환경, 인프라, 물건 등)에 적용되기 시작했다는 것을 의미한다. 이처럼 AI의 적용 분야가 확대되는 상황에서 어떻게 하면 AI를 효율적으로 비즈니스에 활용할 수 있을까? 이 질문에 답하기 전에 AI 활용을 위한 4가지 측면에 대해서 먼저 확인하기로 한다.

AI 활용의 4가지 측면: AI가 만들어내는 진정한 부가가치

비즈니스 분야에서 AI 활용은 크게 4가지 측면으로 나누어 이해할 수 있다.

- 기존 업무의 효율화 및 고도화
- AI를 활용한 신규 서비스의 개시
- 비즈니스 규모의 확대
- 실제세계의 지능화

이제 순서대로 하나씩 살펴보자.

기존 업무의 효율화 및 고도화

첫 번째 측면은 이제까지 인간이 수행해온 업무를 AI로 대체하거나 혹은 AI가 인간을 지원하는 것이다. 독자들에게 가장 친숙한 것이 이러한 측면이라고 생각된다. 업무를 완전히 AI로 자동화할 수 있으면 좋겠지만 일부 업무만 AI로 대체되는 것에 그치는 경우도 많다.

AI가 인간을 지원하는 것을 IA라고 부르는 경우가 있다. IA란 Intelligence Amplification의 약어이며, 우리말로 옮기면 '지능 증폭' 정도가 될 것이다. 비즈니스 현장에서 IA의 의미는 '사람이 AI의 지원을 받아 생산성을 향상시키고 업무를 효율화'하는 것이다. IA의 대표적 적용 분야로는 접객 업무 및 심사 업무 등을 들 수 있다.

현재의 AI는 사람이 발신하는 언어 및 그 의미를 정확하게 파악하지는 못하지만, 막대한 정보를 기억하거나 데이터에 기초한 객관적인 판단을 내리는 분야에는 큰 장점을 가지고 있다. IA 비즈니스에서는 사람의 장점 분야와 AI의 장점 분야를 잘 융합시키는 것이 매우 중요하지만, 이 점이 소홀하게 다루어지는 경우가 많다.

AI를 활용한 신규 서비스의 개시

두 번째 측면은 AI를 활용하여 데이터를 분석하고 그 결과를 이용하여 새로운 서비스를 창조하는 것이다. 데이터 수집이 가능한 기업은 데이터 해석 결과를 무기로 새로운 서비스를 제공하거나 여타 산업으로 신규 진입이 가능하다. 예를 들어, 냉장고 제조업체가 센서와 AI를 활용하여 사용자가 구입한 야채 및 과일에 대한 데이터를 정확하게 파악할 수 있는 시대가 됐다고 가정해보자. 구입한 상품을 파악할 수 있다면 구매 이력을 기초로 조리에 대한 정보를 제공하는 서비스나 영양 밸런스를 조언하는 서비스를 제공할 수 있다. 영양 밸런스가 건강에 직결된다는 점을 알게 된다면 생명보험 분야로 진출할 수도 있다.

과연 현재 냉장고 제조업체를 경쟁 상대로 생각하는 생명보험 기업이 있을까? 이처럼 데이터를 수집할 수 있는 기업이 AI를 활용하여 이종업계로 신규 진입하는 사례는 향후 지속적으로 증가할 것이다.

비즈니스 규모의 확대

세 번째 측면은 AI를 활용하여 비즈니스를 스케일화하는 경우이다. 스케일화라는 용어는 IT 계통 비즈니스에서 흔히 사용되는 용어로 쉽게 말하면 '확대'라는 의미이다. "그 비즈니스는 스케일화할 수 있는가?"라는 질문은 "그 비즈니스의 규모는 효율적으로 확대해 나갈 수 있는가?"라는 의미로 사용된다. 비즈니스의 성장을 가로막는 장애요인은 비즈니스 진척 정도에 따라 다르다. 비즈니스 검토 시에는 법률, 실현 가능성, 채산성이 문제인 경우가 많다. 비즈니스가 어느 정도 궤도에 오른 경우 발생하는 문제는 희소자원의 확보와 인력의 육성이다. 반대로 말하면 희소자원을 필요로 하지 않고, 또한 사람에게 의존하지 않는 서비스를 구축한다면 비즈니스 규모를 손쉽게 확대해 나갈 수 있다는 의미가 된다.

구글이나 페이스북은 사람이 아니라 AI에게 일을 시킴으로써 기업 성장을 가로막는 인력의 육성 문제를 해결했다. 모든 일을 AI에게 시킬 수 있다면 인건비도 대폭 절감할 수 있다. 그렇게 함으로써 그들은 기업을 빠르게 성장시킬 수 있었다. AI를 활용하여 인간을 지원하는 IA도 중요하지만 AI 활용을 최우선으로 하여 비즈니스를 급속하게 확대해 나가려는 접근방식 역시 매우 중요하다.

실제세계의 지능화

네 번째는 실제세계에 AI를 적용하는 '실제세계의 지능화'라는 측면이다. 도쿄 대학 마쓰오 특임교수는 AI의 진화로 인해 물건 및 서비스가 눈을 갖게 될 것이라고 주장했다. 마쓰오 교수는 "지금의 신호등은 일정시간마다 바뀐다. 우리는 이것을 당연하게 받아들이지만 신호등에 주변상황을 인식하는 AI를 탑재한다면 현재 교통상황에 맞게 신호를 유연하게 변화시킬 수 있다. 신호등이 일정시간마다 바뀌는 것은 실제로는 부자연스러운 것이다"라고 말했다.

이처럼 우리가 당연하게 생각하는 것도 AI를 적용하면 근본적인 개선이 가능한 서비스는 세상에 무수히 많이 존재한다. 당연하다고 생각하기 때문에 좀처럼 인식하지 못하고 있지만 새로운 비즈니스를 위한 단서가 그곳에 숨어 있다.

지식의 민주화: 누구나 고도의 지식에 접근이 가능한 시대

이제까지 설명한 것처럼 AI는 다양한 분야에 침투하여 사회와 비즈니스를 변화시키고 있다. 이대로 AI 적용 분야가 빠른 속도로 확대되면 사회와 비즈니스는 어떻게 변화할 것인가? 이와 관련하여 자주 거론되는 변화 중 하나가 '감시 사회'의 도래이다. AI가 보급되면 사람들의 움직임을 아주 자세한 부분까지 파악할 수 있게 된다. 그것이 방범 강화로 이어진다면 '안심·안전'한 사회는 실현되겠지만 부정적으로 생각하면 개인의 일거수일투족이 모두 파악돼서 사생활이 없는 사회가 출현하게 된다. 감시 사회를 막기 위해서라도 윤리 교육 및 법제도 정비가 중요하다.

또 하나의 변화로 '지식의 민주화'를 들 수 있다. 기술계통 사람들 사이에서 민주화라는 용어는 고도의 지식에 누구나 접근할 수 있게 됐다는 의미이다.

지식의 민주화가 실현된 예로 가장 익숙한 사례는 검색 사이트의 보급이다. 지금은 모르는 것이 있으면 구글이나 야후로 검색하는 것이 당연시돼 있지만 검색 사이트가 없던 시대에는 전문가에게 묻거나 도서관에 가서 조사하는 편이 당연했다. 검색 사이트를 이용하게 되면서 지식에 대한 접근이 용이해진 결과, 컨설팅회사는 지식만으로는 경쟁력을 확보하기 어려워졌으며 조정력과 교섭력을 내세울 필요가 생겨났다. 가게 점원도 자신보다 많이 아는 고객을 만날 확률이 이전보다 비약적으로 높아졌다.

AI가 진화하여 세상에 널리 보급되면 이러한 흐름은 더욱 가속화될 것이다. 예를 들어 베테랑 점원이 접객 중에 받은 질문이 AI로 해석돼서 신입 근로자에게 공유되거나, 영어를 못하는 사람에게 AI가 해외 뉴스를 번역해주는 것은 지식에 대한 접근이 쉬워졌다는 의미에서 지식의 민주화가 진전된 것으로 이해할 수 있다. 현재는 상당한 비용이 드는 의사나 변호사와의 상담이 AI로 비용이 낮아질 가능성도 있다. 이러한 이야기를 하면 바로 '전문가의 실업'으로 화제가 모아지지만 사회적 약자가 부담없는 비용으로 전문가와 상담할 수 있는 세계는 기본적으로 바람직하다고 생각한다. 한편 AI는 과거 사례를 참고로 대답을 이끌어내는 방식이기 때문에, 과거에 존재하지 않았던 사례에 대해서는 AI가 대응하기는 어렵다. 기술이 어마어마하게 진보하지 않는 한, 인간 전문가가 사라지는 일은 발생하지 않을 것이다.

궁극적으로 AI가 발전하면 사회는 격변한다. 예로 상품의 구입 과정을 생각해보자. AI가 발전함으로써 해외 통신판매 및 옥션 등 인터넷으로 접근할 수 있는 전 세계 모든 사이트를 조사하여 가장 저렴한 곳을 알려주는 차세대 가격닷컴[1]이 등장하게 되면, EC(전자상거래) 비즈니스는 근본부터 변화할 것이다. 왜냐하면, 가장 저렴한 곳을 제시하지 못한다면 아무도 사용하지 않을 것이기 때문이다. AI로 정보에 접근이 쉬워진다면 기업 차원에서는 중간 관리직의 필요성은 약해지고, 조직은 플랫(수평화–옮긴이)하게

1 일본에서 대표적인 가격 비교 사이트(http://kakaku.com/).

변할 것이다. AI가 발전한 사회에서는 지식의 가치는 낮아지고 희소한 재료와 그것을 조달할 수 있는 조달 경로, 돈으로 살 수 없는 역사 등의 가치가 높아질 것으로 예상된다.

경쟁 요인의 변화: 지식에서 속도의 시대로

비즈니스는 역사적으로 노동집약형·자본집약형에서 지식집약형으로 변화해 왔다.

노동집약형이란 사업활동의 대부분을 인간의 노동력에 의존하는 산업에 사용되는 용어이며, 질 높은 근로자를 대량으로 채용하는 기업이 경쟁력을 발휘한다는 의미이다. 접객 서비스업 및 개호(환자나 노약자를 곁에서 돌봄–옮긴이) 등이 대표적이다. 이러한 산업에서 비즈니스를 확대해 나가려면 장시간 일을 하거나 근로자를 늘려야 한다.

다음으로 등장한 것이 자본집약형이다. 자본집약형 세계에서는 많은 자본을 투입하여 고가의 설비를 갖추거나 자사 역량으로 제조 가능한 기업이 강점을 발휘한다. 대표적인 산업으로 기계화가 진전된 제조업을 들 수 있다.

최근에는 지식집약형이라는 용어가 거론된다. 경쟁력의 원천이 인간인 점은 노동집약형과 동일하지만 의약품 개발이나 디자이너와 같이 보다 고도의 지식 및 센스가 요구되는 것이 지식집약형의 주요한 특징이다.

이러한 지식집약형에 이어 도래한 것은 속도형이라고 생각한다. 현재는 인터넷 보급으로 인해 최신 비즈니스 사례 및 고도의 연구성과가 순식간에 전 세계로 전파되기 때문에 공들여 우수한 제품을 개발해도 타사가 곧바로

그림 2 **사회 혁신 속도의 가속화**

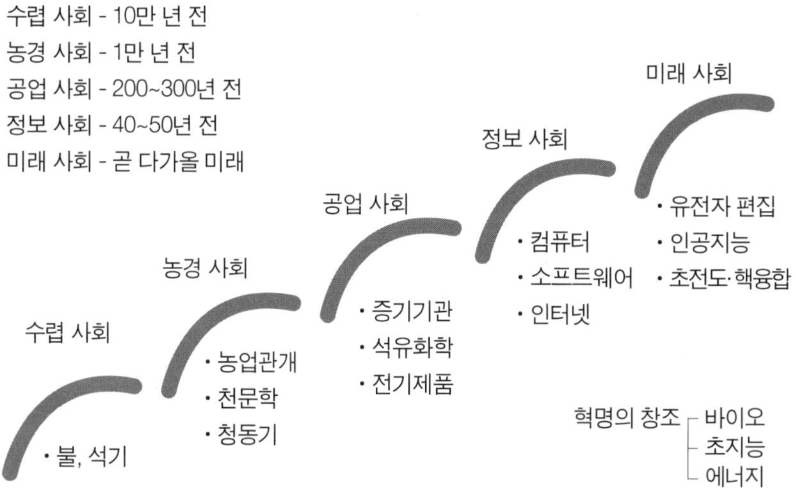

모방하여 추적해 온다. 애플은 뛰어난 콘셉트와 브랜드파워를 무기로 패블리스 경영(Fabless, 공장을 보유하지 않는 경영 수법)을 통해 비즈니스 속도를 향상시키고 있다. 실리콘밸리에서는 '실패의 경험을 빠르게 축적할 것'이 중요시되고 최저한의 기능으로 최대의 니즈(Needs)를 충족시키는 '최소 요건 제품(Minimum Viable Product, MVP)'을 얼마나 신속하게 시장에 제공할 수 있는가에 주력하고 있다.

AI는 이러한 상황을 더욱 가속화시킨다. AI 관련 기술이 생활 속으로 침투함에 따라 속도의 중요성은 이전보다 더욱 강화될 것이다. AI는 인간을 뛰어넘는 처리 속도, 방대한 데이터의 전체 조감, 복잡한 현상의 최적화 등의 특징을 가지고 있다. 미래에는 알고리즘을 사용한 고속 거래, 네트워크

그림 3 **인간의 뇌를 시뮬레이션할 수 있는 슈퍼컴퓨터**

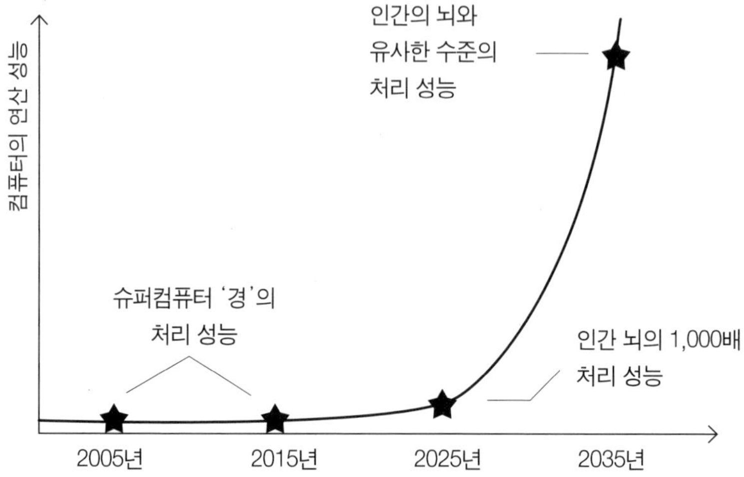

효과에 따른 데이터 독점(196쪽 참조), 초기 예측 등 속도를 무기로 앞서나가는 기업이 경쟁우위에 서는 상황이 펼쳐질 것이다.

슈퍼컴퓨터 관련 예산을 둘러싸고 민주당의 렌호 국회의원이 "2등은 안 되는 것이냐"라는 발언을 해 화제가 된 적이 있다.[2] 실제로는 2등은 안 된다. 슈퍼컴퓨터의 처리 속도는 지적재산권을 확보하는 속도와 직결돼 있다. 슈퍼컴퓨터로 AI를 가동시켜서 신속하게 획득한 새로운 지혜를 특허화

---

2 2009년 여당인 민주당이 이전 정권의 정책을 재검토하여 불필요한 사업을 찾아내고자 설치한 행정 쇄신 회의에서 당시 렌호 행정쇄신장관이 문부과학성 등의 단체에게 "슈퍼컴퓨터의 성능이 반드시 세계 1위가 돼야 하는가"라고 질문하는 모습이 방송돼 화제가 됐다.

하지 않으면 타사에 뒤처진다. 지금과 같은 정보화 사회에서는 많은 사람들이 동시에 비슷한 생각을 할 확률이 높아지고 있다. 같은 시기에 유사한 생각을 할 경우, 고속 컴퓨터를 보유한 기업이 먼저 지적재산권을 확보하게 된다. 속도는 기업의 수익성에 직결되며, 슈퍼컴퓨터에 담을 AI의 중요성도 예전보다 더 커지고 있다.

AI 도입으로 인한 영향은 단순히 기존의 일이 편리해진다거나 효율이 높아지는 것에 그치지 않는다. 핵심이 되는 부분은 AI가 가능케하는 '속도'다. 속도가 향상되면 비즈니스의 질 자체가 변화한다. 그렇기 때문에 지금부터는 속도라는 관점에서 AI의 영향과 경쟁력의 원천에 대해서 살펴보고자 한다. AI가 구체적으로 비즈니스를 어떻게 가속화해 나갈 것인가. 그것은 다음의 예처럼 복수의 사례를 통해 파악할 수 있다.

AI에 의한 자동화

현재의 오피스워크는 다양한 프로세스가 OA(Office Automation)로 효율화돼 있지만 인간만이 대응할 수 있는 부분 때문에 병목현상이 발생하고 있다. 즉, 서비스 신청 후 최종 등록 완료까지 1주일이 소요되기 때문에 신청 후 곧바로 서비스를 이용하고 싶은 고객의 니즈에는 대응하지 못하고 있다. 만약 신청하고 신청 결과를 확정하기까지 일련의 작업을 모두 AI로 대체할 수 있다면 비즈니스 속도를 크게 향상시킬 수 있다. 또한 인간의 관여를 줄이게 되면 비즈니스의 규모를 단기간에 확대시킬 수 있으며 기회손실도 방지할 수 있다.

모든 프로세스를 AI로 실행한다면 극적으로 비즈니스 속도를 높일 수 있지만 실제로는 그렇게 간단하지 않다. 예를 들어 문장의 의미를 이해하고 상식적으로 판단하는 일은 AI에게 어려운 종류의 일이다. 교제비 지출이 적정한가를 판단하려면 '식사의 취지가 타당한가, 그렇지 않은가'라는 어떤 의미에서는 상식적인 판단이 필요한데, 이는 AI에게 적합하지 않은 분야다. 이와 같은 이유로 모든 업무 프로세스를 AI로 자동화하는 것은 어렵지만, 발상을 전환하여 AI에 의한 실행을 전제로 모든 업무 프로세스를 재검토하는 것도 고려해볼 만하다.

2009년에 창업한 우버(Uber)는 2015년에 시가총액 기준으로 GM, 포드, 혼다를 제치고 폭스바겐·BMW와 어깨를 나란히 할 정도로 성장했다. 우버는 모든 비즈니스 프로세스를 IT로 자동화한 기업의 대표적인 사례이다. 서비스의 핵심은 고도의 AI를 통한 매칭 기능으로, 택시를 이용하고자 하는 사람과 빈 택시를 연결하는 것이었다.

AI의 또 하나의 특징으로 병렬실행(Parallel Running)을 들 수 있다. AI는 간단히 복제할 수 있기 때문에 학습을 통해 똑똑해진 AI를 복수 사용하면 균일화된 수준으로 세계 도처에 동일한 서비스의 동시 제공이 가능하다. 아무리 일이 많아도 수백 혹은 수천 개의 AI를 병행하여 실행시키면 순식간에 처리할 수 있다.

우버 사례는 여기에 네트워크 효과가 추가됐다. 네트워크 효과(Network Effect)란 사용자가 늘어날수록 서비스의 가치가 증가하는 것을 의미한다. 휴대전화가 대표적이다. 휴대전화를 가진 사람이 늘면 늘수록 휴대전화 서비스의 가치는 급격히 향상된다. 반대로 자신만 휴대전화를 가지고 있는 경우는 누구와도 통화할 수 없기 때문에 서비스의 가치는 제로가 된다.

실제로 AI를 활용한 서비스는 네트워크 효과를 발휘하기 쉽다고 알려져 있다. 사용하는 사람이 많으면 많을수록 데이터가 많이 축적된다. 데이터가 축적될수록 AI의 정확도는 높아지고 이것이 경쟁력의 원천으로 작용한다. AI의 정확도가 높아지면 서비스 이용자가 증가하는 긍정의 나선효과가 발휘된다. 이러한 효과를 실현시키기 위해서는 타사보다 얼마나 빨리 서비스를 개시할 수 있느냐가 중요해진다. AI 활용을 통해 인간을 배제한 비즈니스의 스케일화(규모 확대)가 가능해지면 우버와 같이 엄청나게 빠른 속도로 성장을 가속화시킬 수 있다.

우버는 AI 비즈니스의 모든 조건이 갖추어진 좋은 예이지만 일반 업계에서도 투자 대비 효과가 높은 영역을 발굴하여 적극적으로 AI화를 추진한다면 비즈니스는 가속화할 수 있다. AI는 쉬지 않고 24시간 연속적으로 가동이 가능하다. 월등한 고성능과 초지능이 아닌 속도감 있는 업무 처리만으로도 비즈니스에 미치는 영향은 상상을 초월하게 된다.

정확하고 신속한 판단

AI라고 하면 지식이 풍부하고 지적인 로봇을 떠올리는 독자가 많을 것이다. 틀린 것은 아니지만 인간이 수행하는 것보다 '압도적으로 빨리' 판단할 수 있다는 점에도 주목할 필요가 있다.

주로 금융기관에서 시행되고 있는 '극초단타매매(High Frequency Trade, HFT)'는 100만분의 1초를 다투는 주문을 낸다. 이렇듯 빠르게 일 처리가 가능한 것은 AI가 의사결정을 내리기 때문이다. 인간의 속도에는 한계가 있으며, 인간은 고속으로 판단할 때 정확성이 떨어진다. 이에 비해, AI는 데이터 분석에 기초하여 고속으로도 정확한 판단을 내릴 수 있다. 한편 AI에게 단독으로 판단하게 하지 않고 선택지를 만들게 해서 인간의 신속한 의사결정을 지원하는 방법도 가능하다. 어느 쪽이든 향후에는 점점 빠른 속도가 요구되는 상황이 늘어날 것이다.

속도를 더욱 향상시키는 방법으로 초예측에 의한 예측법이 있다. 미래를 예측하여 대응한다면 비즈니스의 속도를 향상시킬 수 있다. 느낌이나 경험에 의존한 예측이 아니라 데이터의 뒷받침에 기초하여 대담한 의사결정이 가능한 것도 AI의 주목할 특징이다.

아마존은 최종 소비자가 상품을 구입하기 전에 출하하는 서비스를 검토하고 있다. 사용자가 상품을 살펴본 시간이나 마우스 커서의 움직임, 과거 구매이력 등을 활용하여 사용자가 상품을 구입할 확률을 산출한다. 그리고 확률이 높아지면 최종 사용자가 구입하기 전이라도 사용자의 거주지역에서 가장 가까운 창고로 상품을 배달한다. 이외에도 정기적으로 판매되는 상품을 사전에 운반해 놓으면, 웹 상에서 10명이 동일 상품을 보고 고민할 경우 3명 정도는 살 것으로 예측하고 구입 전에 제품을 발송하는 방법도 생각할 수 있다. 아마존은 이러한 종류의 기술과 관련한 특허 다수를 취득했다. 구입한 물품이 곧바로 도착한다면 EC사이트를 통한 구입과 점포에서의 구입이 사용자 입장에서는 거의 동일하게 느껴질 수 있다. 아마존은 속도를 강화하여 점포와 동등한 서비스를 EC사이트에서도 제공할 수 있도록 노력하고 있다.

예측 정확도를 높여 물류를 AI화하는 것은 비용 절감에도 효과적이다. 예를 들어 경제산업성이 실시한 음료제조업체와의 공동연구에서는 일기예보나 트위터 정보를 활용하여 음료의 수요를 예측했다. 수요 예측에 기초하여 출하량이 결정되면 보다 이른 단계에서 출하 준비가 가능해진다. 미리 판단할 수 있으면 상품을 항공편으로 보내던 방식에서 트럭으로 운반하는 등 보다 저렴한 수단으로 출하할 수 있다.

그림 4 **AI 로봇으로 자동화된 아마존의 창고**

사진: 오가타 후미시게(尾形文繁)

규모와 속도의 양립

일반적으로 기업은 사업 규모가 커지면 규모의 경제 효과가 발생하지만 동시에 여타 부분에서는 비효율적인 현상도 발생한다는 딜레마를 안고 있다. 예를 들어 보유하는 인프라 규모가 커질수록 조정과 사전준비가 필요해지므로 신속한 대처가 더욱 어려워진다. 그렇기 때문에 일반적으로는 소기업이 대기업보다 신속한 대응이 가능하다. 그러나 AI에 의해 이러한 상황이 달라질 가능성이 높아지고 있다.

예를 들어 바둑 챔피언을 무찌른 AI를 개발한 딥마인드(DeepMind)는 구글의 데이터센터 내에 공조(空調), 팬, 창문의 개폐 등 120여 개 요소를 AI로 최적화하여 에너지 소비량을 약 40퍼센트 절감했다. 이전 데이터센터는 열원이 매우 복잡하게 연결돼 있어 효율적인 냉각이 어려웠지만, 딥마인드는 이 문제를 단 4개월 만에 간단히 해결했다.

데이터센터에서 문제가 된 것은 냉각뿐만이 아니다. 데이터센터에는 여러 서버가 설치돼 있어 일반적으로 서버 수가 늘어날수록 관리가 어렵고 비효율적이 된다. 서버에는 CPU(중앙연산처리장치), 메모리, 스토리지가 탑재돼 있지만 CPU에만 과부하가 걸려 메모리는 거의 사용되지 않은 서버가 생기는 등 불가피한 편차가 생긴다. 스펙이 상이한 서버 수십만 개를 인간이 효율적으로 조정하는 것은 불가능에 가깝다. AI를 이용하면 서버의 능력을 최대한 이끌어낼 수 있다. 또한 조직이 커지면 아무래도 조정이나 정보 수집에 시간이 소요돼 의사결정 속도가 느려진다. 그러나 임원이 AI를 활용하여 자사의 상황을 정확히 파악할 수 있으면 큰 조직도 신속한 의사결정이 가능해진다.

지금까지 설명한 것처럼 AI를 활용하면 이전까지 인간이 실행할 수 없던 규모에서도 높은 수준의 최적화를 실현할 수 있다. 이는 규모의 경제에 따른 비용 절감 효과뿐만 아니라 대규모 인프라를 최소한의 비효율로 활용할 수 있음을 의미한다. 그리고 복잡한 현상을 AI로 가시화할 수 있게 되면 신속한 의사결정이 가능해진다. 이러한 규모와 속도의 양립은 기업의 성장 속도를 배가시킬 것이다.

속도가 창조를 이끌어내다

현재의 페이스로 계산기의 연산 속도가 향상되면 머지않아 AI가 창조성을 갖게되리라 예측된다. 현재 회로의 최적 설계작업은 인간의 경험과 느낌에 의존하여 진행되고 있다. 이에 비해 AI는 생각할 수 있는 모든 패턴에 대해 시뮬레이션을 실시하여 최적 설계를 발견한다. 모든 패턴을 시도해본다는 것 자체에서 지적인 면을 느낄 수는 없지만 이 수법으로 도출된 설계는 당연히 최적이며 인간의 경험이나 느낌만으로는 도달할 수 없는 수준이다. 이것은 AI에 속도를 더함으로써 창조성이 발휘되는 좋은 예일 것이다.

4장에서 소개될 자동 작곡 시스템 '오르페우스'는 20초마다 악보 하나를 작곡할 수 있다. 1년간 작곡을 계속하면 157만 개의 악보가 만들어진다. 컴퓨터 10대를 준비해서 동시에 작곡할 경우 1년 만에 인류가 이제까지 만든 것과 비슷한 양의 악보를 생성할 수 있게 된다. 또한 창조가 이처럼 저렴하고 간단한 세계에서는 저작권 등에 부여되는 인간의 권리를 근본적으로 재검토할 필요성이 생긴다. 속도는 창조를 이끌어내지만 창조가 너무 가속화되면 윤리나 법적 권리에 대한 새로운 시점에서의 검토가 필요해질 것이다.

기업이 성장하는 속도가 가속화되다

앞서 우버의 예처럼 사람이 하는 작업을 AI화하여 기업이 성장하는 속도를 가속화할 수 있다. AI로 하드웨어 가격을 낮추는 것도 가능하다. 예를 들어 스마트폰 카메라로 사람의 얼굴을 촬영하여 맥박을 측정할 수 있는 기능이 개발됐다고 하자. 이 기능은 카메라 화면의 광도 변화를 파악하여 맥박을 측정하는 것으로 이를 통해 매우 저렴하게 고도의 기능을 제공하는 서비스가 가능해진다. 이전에는 없던 가격과 간편함으로 기존과 같은 서비스를 제공할 수 있다면 시장에 보급되는 속도를 높일 수 있다. 니즈는 있지만 고가의 하드웨어를 통해서만 제공되던 기능(서비스)을 AI를 통해 실현한다면 단기간에 전 세계로 보급하여 기업을 급성장시킬 수 있다.

최근에는 최신 기술이 보급되는 속도가 점점 빨라지고 있다. 모든 제품에서 보급 속도가 빨라지고 있다고 볼 수는 없지만, 세계적으로 각광받는 기능은 순식간에 전 세계로 퍼지는 시대가 됐다고는 말할 수 있다. 예를 들어 '포켓몬GO'는 발매 1개월 만에 2억 650만 달러의 매출을 올렸고, 내려받은 수는 1억 3천만 회에 달했다. 이는 기네스 기록을 세운 지 1개월 후에는 또다시 내려받은 수가 5억 회를 기록했다. 또한 스마트폰은 발매 4년 만에 미국 국민의 25퍼센트가 보유하게 됐다. 앞으로도 기업이 성장하는 속도는 가속화되겠지만 그것을 실현하는 방법 중 하나로 AI가 매우 효과적이라는 점은 기억하길 바란다.

AI가 만드는 미래 사회: 자율주행으로 변모하는 세계

미래 사회를 상상할 때 개인에게 미치는 가장 큰 영향은 인프라의 변화일 것이다. 달리 말하면 미래의 인프라가 어떻게 변화될 것인가를 생각해보면 어느 정도는 미래 사회를 구체적으로 살펴볼 수 있다. 세상에는 다양한 인프라가 존재하지만 그중에서도 비즈니스 에코 시스템(Business Eco system, 173쪽 참조)이 가장 진전되리라 생각하며, 특히 '커뮤니케이션' '모빌리티(운송이나 이동)' 및 '에너지'의 변화가 두드러질 것이다. 여기서는 이 중 최근 주목받고 있으며 실현성도 높아 보이는 모빌리티 영역을 예로 들어 AI가 사회에 미치는 다양한 영향을 전망해보기로 한다.

에너지 절약 사회로 전환

자율주행의 실용화로 에너지 절약이 기대된다. 가속 페달을 밟는 강도나 가속의 방법, 브레이크를 밟는 속도 등을 AI로 최적 제어한다면 연비를 크게 향상시킬 수 있기 때문이다. 일설에 따르면 연료 소비가 약 20퍼센트 개선된다고 한다.

공기의 저항은 속도의 제곱에 비례한다. 그렇기 때문에 트럭 속도를 80킬로미터에서 100킬로미터로 높이면 공기저항은 40퍼센트 가까이 증가한다. 이 공기저항을 줄이기 위해 슬립스트림(Slipstream) 현상을 활용하여 트럭을 대열주행(일렬로 줄지어 주행)시키는 실험이 진행되고 있다. 슬립스트림이란 고속 주행하는 자동차의 후방에 나선형 공기흐름이 발생하는 현상이다. 전방을 주행하는 자동차와의 간격을 줄이면 기류에 의해 후방의 자동차를 잡아당기는 힘이 생겨 공기저항이 줄어든다. 슬립스트림은 F1 등의 경주에서 전방을 달리는 차를 앞지르는 테크닉으로도 유명하다. 트럭들이 서로 통신하면서 차간 거리를 좁혀 주행하면 공기저항이 낮아져 연료 소비를 줄일 수 있다.

매년 일본에서 배출하는 이산화탄소(CO_2)의 20퍼센트는 자동차에서 배출된다. 총 석유 소비량 중 상당부분이 자동차 연료로 사용되고 있다. 자율주행 보급을 통해 석유 소비량이 줄어들면 세계 정세에도 영향을 미치게 된다. 일반적으로 산유대국인 중동 각국이 정세 불안에 빠지면 석유 가격이 급등하여 전 세계가 영향을 받는다. 그러나 각국의 석유 소비량이 줄어들면 중동의 영향력이 줄어들고, 중동과의 세력 균형이 변할 가능성이 있다. 자율주행은 국제 사회의 향방에도 영향을 미칠 수 있는 사안이다.

그림 5 **구글이 개조한 자율주행차 렉서스** RX450h

출처: https://www.flickr.com/photos/jurvetson/8190954243/in/photostream(Steven Jurvetson, 2012).

교통사고가 극적으로 줄어든다

교통사고의 93퍼센트는 인간의 판단 착오에 의한 것이라고 알려져 있다. 장시간 운전하거나 과로하여 피곤한 상태, 컨디션이 좋지 않은 경우, 인간은 집중력을 유지하기 어려우며 운전 실수를 범하기 쉬워진다. 이에 비해 AI는 피곤함을 느끼지 않고 장시간 운전해도 일정 수준으로 주행이 가능하다. 이러한 특성을 효과적으로 살리면 사망사고는 크게 감소할 것이다. AI가 만능은 아니므로 교통사고 제로의 실현은 불가능하다. 물론 기계이기 때문에 간혹 고장도 있을 수 있다. 그럼에도 현재와 비교해서 사고 확률은 현저히 떨어질 것이다.

자율주행이 본격적으로 보급되면 속도위반을 적발하는 업무는 사라지거나 크게 감소할 것이다. 자율주행차는 교통규칙을 위반하지 않기 때문에 경찰의 단속이 필요 없다. 충돌사고나 사망사고가 극적으로 감소하면 자동차보험에 요구되는 역할과 기능도 변화될 것이므로 보험회사는 전략을 근본적으로 재검토해야 한다.

인력 부족과 정체의 해소

현재 물류업계에서는 트럭 운전자가 감소하여 인력 부족 문제에 직면해 있다. 자율주행 트럭이 보급되면 운전자의 부담이 줄어들어 대형 운전면허가 없는 사람도 장거리 운송을 담당하게 될 수도 있다. AI는 교통 정체 문제 해결에도 기여할 수 있다. 이론적으로 고속도로에서 차간 거리를 2분의 1로 줄이면 지금보다 2배 차량이 도로를 이용할 수 있게 된다. 정체가 발생하는 주요 원인 중 하나로 '브레이크를 밟는 타이밍과 실제 작동시간 사이의 밸런스'가 지적되고 있지만, 자율주행이 실용화되면 AI가 브레이크를 적절히 제어하기 때문에 지금보다 정체가 악화될 확률은 크게 줄어든다.

미래에는 사회 인프라의 하드웨어 부분에만 투자하는 시대는 종말을 고하고, 인프라의 하드웨어, AI의 소프트웨어의 균형을 감안하여 투자함으로써 기존 인프라의 효율성을 최대한으로 높여 나간다는 발상이 중요해질 것이다.

도시의 24시간화가 촉진된다

택시 요금의 경우, 70퍼센트가량이 인건비라고 알려져 있다. 또한 야간에 일하려는 사람이 적기 때문에 수요와 공급의 원리에 따라 야간요금은 할증된다. 그러나 택시가 모두 자율주행화되면 낮과 밤의 요금 차이는 없어진다. 혹은 승차하는 사람이 적은 야간 시간대 요금이 낮아질 수도 있다. 야간 이동이 저렴해지면 도시의 24시간화가 진전될 가능성이 있다. 자율주행은 택시 운전자에게는 실업의 위기일 수도 있지만 아이나 고령자의 이동이 편리해지면 사회적으로는 삶의 질(Quality of Life, QOL)의 향상으로 이어진다.

고령화는 현대 사회가 안고 있는 심각한 사회 문제 중 하나이다. 특히 과소지역에는 공공교통수단이 제한돼 있기 때문에 고령자는 쇼핑이나 병원에 가는 것조차도 쉽지 않다. 마을버스는 채산성이 맞지 않는다는 이유로 축소나 폐지가 이어지고 있다. 그렇다고 고령자가 직접 자동차를 운전하는 행위는 위험하다. 자율주행의 도입에 필요한 초기 비용이 저감된다면 과소지역에 무인 자율주행 버스를 운행할 수 있으므로 이 같은 사회 문제를 일부나마 해결할 수 있다.

역 근처 부동산 가격이 폭락한다고?

자율주행이 발전하면 땅값에도 영향을 미친다. 현재 도심지역에서는 전철역에서 가까운 건물은 전반적으로 가격이 높다. 그러나 자율주행으로 통근하는 사람이 증가하면 자율주행 자동차가 집 앞에서 회사 앞까지 데려다주기 때문에 역 근처 건물에 거주해야 할 필요성이 적어진다. 또한 자율주행이 보급돼 자가용을 보유하지 않는 사람이 늘어나면 역 주차장은 줄어들 것이다. 역까지 자율주행 택시로 이동한 후 자율주행 자동차는 다른 사람을 태우기 위해 역을 벗어난다. 그 때문에 역 주차장을 이용할 필요가 없고 주차장 이용자는 크게 감소한다. 지자체는 주차장 터의 효과적 이용에 대해 논의를 진행할 것이며 재개발이 활발히 진행될 가능성도 있다.

스스로 운전하지 않는 시대가 도래하면 일을 마치고 귀가 중에 술을 마실 수 있기 때문에 주조 제조업체의 실적이 개선되는 등의 부차적 효과도 예상된다. 또한 역 근처에 음식점이 있을 필요가 없기 때문에 시내에서 조금 떨어진 교외로 음식점이 이동하는 등 음식점의 분포도 변화할 가능성이 있다.

자동차업계의 서비스화

자율주행이 주류가 되면 자동차 제조 분야도 크게 변화할 것이다. 지금의 스포츠카는 운전하는 즐거움을 추구하기 위해 가속 성능에 중점을 두는 등 스펙 중심으로 개발이 이루어졌다. 하지만 자율주행이 보급돼서 모든 자동차가 제한 속도를 지키고 연비 최적화를 위해 급속한 가속을 하지 않으면 자동차 제조방식도 근본부터 변화하게 된다. 예를 들어 '도로가 휘어지는 곳을 주행할 경우 평소와 다른 중력이 느껴지는가' '진동이 있는가' 등 승차감이 차별화 요인으로 작용한다.

운전자가 직접 운전할 필요가 없기 때문에 이동시간은 자유시간으로 변화한다. 자동차 안에서 식음하거나 쇼핑을 하고, 영화를 보는 등 자동차 내에서의 오락이 확대되면 자동차업계는 이전과는 완전히 다른 형태의 서비스에 주목할 필요가 생긴다. 예를 들어 맥도널드의 자동차 전용 주문(Drive Through)처럼 포장 주문 수요가 증가할 수도 있다. 자동차회사는 차체의 판매가 아니라 차내 서비스로 이익을 올리는 비즈니스로 변화해갈 것이다. 자동차가 미래에 다양한 서비스와 연계되는 에코 시스템으로의 진화는 거의 확실하기 때문에 각 기업은 맹렬한 기세로 기술 개발과 신규 진입을 추진하고 있다.

이처럼 AI를 비롯한 기술이 진보하여 자율주행이 실현된다면 이는 단순히 자동차 업계에 한정되지 않고, 우리 생활의 각 방면에 다양한 영향을 미치리라는 것을 이해할 수 있다.

이 책에서 언급한 것 중 아직 실현되지 않은 것도 있지만 절대로 꿈속 이야기가 아니다. 자율주행의 실현 시기에 대해서는 여러 견해가 있지만 필자들은 비교적 낙관적으로 보고 있다. 빠르면 2025년경에는 자율주행이 일부 지역(고속도로 포함)에서 실용화될 것으로 생각된다. 이는 상당히 가까운 미래이다. 기술면, 제도면, 의식면 등 넘어야 할 산이 한둘이 아니지만, AI를 활용한 새로운 세계는 이미 코앞까지 다가와 있다.

〉칼 럼

신속한 규칙 책정력이 경쟁력의 원천이 되는 시대

군사력이 국가의 패권에 가장 큰 영향을 미치던 시대가 있었다. 최근에는 적어도 민주주의 국가 간에는 전쟁을 하지 않으려는 경향이 있는데, 그 대신 경제면에서의 경쟁은 더욱 치열해지고 있다. 이러한 흐름이 앞으로는 어떻게 변화해 갈까?

스마트폰이나 자율주행이 대표적인 예가 되겠지만, 최근에는 큰 이익을 기대할 수 있다는 점이 명확해지면 전 세계가 동시에 대규모 투자를 결정하는 경향이 있다. 성공사례는 곧바로 인터넷에 퍼져서 모방된다. 이처럼 서비스 자체에서 타사와 차별화를 실현하기가 어려운 시대가 됐다. 이렇게 되면 윤리적인 논의나 법률 책정 역량 등이 경쟁력의 원천으로 부상할 가능성이 높다고 필자들은 생각한다.

기술 혁신의 속도가 가속화하면 윤리나 법·제도에 심각한 영향을 미치게 된다(자세한 내용은 6장 참고). 미래에는 법·제도의 개정이 신속하게 이루어지지 못해 새로운 비즈니스가 추진되지 못하는 상황이 늘어날 것이다. 이 같은 상황에서는 기민하게 법·제도를 개정할 수 있는 국가가 새로운 형태의 경쟁력을 확보할 것이다. 다만 윤리면에서 문제의 소지가 있는 경우는 국민적 합의를 얻을 필요가 있으며, 또한 법·제도의 변경이 불러올 부정적인 영향을 고려하면 신속한 법·제도의 변경이 말처럼 그렇게 간단한 일은 아니다.

대기업에도 신속한 내부 규칙 변경이 요구되고 있다. 실제로 사내 규정 때문에 신흥국을 대상으로 기능을 최소화한 제품의 판매가 어려운 기업도 있다.

규칙 변경이 단순히 신속하게만 추진한다고 해서 되는 것은 아니다. 왜냐하면 위키리크스의 기밀 폭로나 조어도(釣魚島, 센카쿠 열도·댜오위다오-옮긴이)에서 중국어선 충돌영상 유출에서도 알 수 있듯이 전 세계가 점점 투명해지고 있기 때문이다. 투명화란 지금까지보다 더 상세한 설명 책임이 요구된다는 의미이다. 언제 세상에 공표될지 모르는 상황에서는 밀실에서 결정한 사항에 대해서도 설명 책임을 수행할 수 있도록 준비하는 것이 합리적이다. 최근 쓰키지 시장(도쿄에 있는 수산물 도매시장-옮긴이)의 이전 문제에도 설명 책임이 요구되고 있다. 국민이나 근로자가 논의 과정에 참여하지 않은 의사결정이 이전보다 훨씬 어려워졌다.

이처럼 앞으로는 규칙 변경이나 윤리에 있어서 국민적 합의의 중요성이 이전보다 커질 것이다. 한편 사회의 투명성은 강화되고 있기 때문에 설명할 수 있는 형태로 규칙 변경을 추진해야 하며, 또한 국민적 합의를 위해 다양한 측면의 논의도 필요하다. 그리고 규칙 변경은 인간에 의해 이루어지기 때문에 국가별로 책정 속도에 차이가 생길 수밖에 없다. 납득할 수 있는 설명과 속도를 양립할 수 있는 검토 체제 구축이 요구되고 있다.

2장

AI 기초 지식

사람에 따라 다른 AI의 이미지

AI의 이미지는 연구자, 사용자, 서비스 제공자에 따라 다르다. 필자들의 경험상, AI 이미지는 크게 다음의 4가지로 분류할 수 있다.

① 인간을 뛰어넘는 지능을 보유한 **만능 AI**

② 최신 연구를 통해 개발된 기술을 활용하는 **최첨단 AI**

③ 비즈니스에서 활용되기 시작한 신기술의 **최신형 AI**

④ 기존의 알고리즘을 이용하는 **종래형 AI**

만능 AI의 이미지는 TV나 잡지 등의 미디어가 조장하는 경우가 많다. 기업의 마케팅 방법에 문제가 있다고 볼 수도 있지만 기업이 자사제품의 우수성을 강조하여 전달하려는 노력은 불가피한 측면이 있다. 그러나 과도한 미디어 보도가 반복된다면 세상에는 불필요한 오해가 생기기 마련이다.

세계적으로 권위 있고 혁신적인 벤처가 힘을 쏟는 연구 분야는 최첨단 AI라고 할 수 있다. 구체적인 예로는 대량의 데이터가 아닌 화상 1개의 데이터만으로도 인식할 수 있는 원샷학습(One-shot learning)과, 텍스트로 이루어진 문장을 보고 인간과 동일한 수준의 유창함을 가진 음성의 합성 실험 등이 거론된다.

최신형 AI의 대표적 예는 딥러닝(Deep Learning)이다. 딥러닝은 생물의 뇌 구조에서 실마리를 얻어 화상식별 및 음성인식을 통해 컴퓨터로는 불가능하다고 여겨온 성능을 실현시키고 있다. 그 강렬한 이미지의 영향으로 딥러닝이야말로 AI라고 생각하게 된 독자가 많을 것이다.

현재의 AI 붐에 편승하여 종래형 AI를 'AI'로 광고하면서 비즈니스를 추진하는 기업도 많다. 사용자는 "AI를 활용하고 있다"고 하면 '만능 AI'를 활용하는 것처럼 느끼겠지만, 사실은 5년 전부터 판매하던 제품을 AI로 이름만 바꾸는 경우도 있다. 기업 측에서 보면 AI라고 하지 않으면 고객이 관심을 보이지 않는 시장 상황을 고려한 것으로 이해된다. 하지만 기업과 고객 간 인식의 간격을 메우기 위한 시간이 좀 더 필요하다고 생각한다.

간단하지 않은 AI의 정의

이처럼 사람에 따라 AI에 대한 이미지가 상이하기 때문에 비즈니스 현장에서는 다양한 오해도 생겨나고 있다. 비즈니스를 원활하게 진행하기 위해서는 AI에 대한 이해를 공유할 필요가 있지만, AI를 정확하게 정의하는 것은 그리 간단한 문제가 아니다. AI라는 용어는 데이터를 분석하는 다양한 기술의 총칭으로 하나의 결정된 기술을 의미하지는 않는다. AI에는 검색, 분류, 예측, 이상 탐지, 관계성 발견 등 광범위한 기술이 포함돼 있다.

본래 인공지능에서 '지능'이란 어떻게 정의할 수 있을까? 예를 들어 계산기는 우리가 손으로 하는 계산보다 신속하고 정확하게 답을 낼 수 있다. 계산은 인간에게 있는 지적 능력의 일종이다. 또한 정확성 및 연산 속도라는 측면에서 계산기는 우리의 능력을 뛰어넘는다. 하지만 계산기를 AI라고 생각하는 사람은 거의 없다. 단순히 인간의 능력을 뛰어넘는다고 해서 지능이라는 용어로 쉽게 정의하기 어려운 면이 있다.

AI라고 부르던 기술이 세상에 보급됨에 따라 또 다른 이름으로 불리기도 한다. 예를 들어 음성인식을 AI라고 부르던 시기도 있었고, 기술이 확립돼 가면서 이와는 다른 개별 기술의 명칭으로 불리게 됐다. 이러한 시기가 되면 음성인식이 AI의 일종이라는 인식은 점차 약해진다.

IT벤더가 음성인식 기술을 AI라고 부르면 고객은 "그것은 AI가 아니라 음성인식 아닌가요?"라고 반응하는 경우도 있다. 이처럼 기술의 진보에 맞추어 AI가 갖는 이미지도 변화해간다.

인간이라면 누구나 간단히 할 수 있지만 컴퓨터에게는 어려운 것이 있다. 물건을 집거나 들어올리는 것은 인간에게는 어려운 작업은 아니다. 그러나 물건의 형상을 보고 힘의 강약을 조절하면서 들어올리는 일은 로봇에게 매우 어려운 작업이며, 이것을 실현하기 위해서는 최신 AI기술이 필요하다(최신 AI기술이 있다고 해서 반드시 실현된다는 의미는 아니다). 이처럼 같은 일도 인간과 AI에게 난이도가 다르기 때문에 인간이 능숙하게 해내지 못하는 작업을 효율적으로 수행하는 알고리즘을 AI라고 부르는 것도 크게 틀린 것이라고 보기 어렵다.

AI를 정의하다

그렇다면 AI는 어떻게 정의를 내려야 할까? 도쿄 대학 나카지마 특임교수는 "인공적으로 만들어진 지능을 가진 실체, 혹은 그것을 만들려는 행위로 지능 전체를 연구하는 분야"로 정의하고 있다. 나카지마 교수는 AI 연구자이기 때문에 AI를 기술로서뿐만 아니라 연구 분야로서도 이해한다. 그렇기 때문에 이와 같은 정의를 내렸다고 할 수 있다.

이처럼 사람에 따라 AI에 대한 다양한 정의가 존재하지만 이 책에서는 간단하게 AI를 '기계에 의해 인간의 지적활동을 재현한 것'으로 정의한다.

지적활동을 재현하는 방법은 딥러닝과 같이 인간의 뇌 구조에서 힌트를 얻어 만든 기술이 아니어도 된다. 또한 규칙을 기초로 작동하는 단순한 방

그림 6 **AI의 정의**

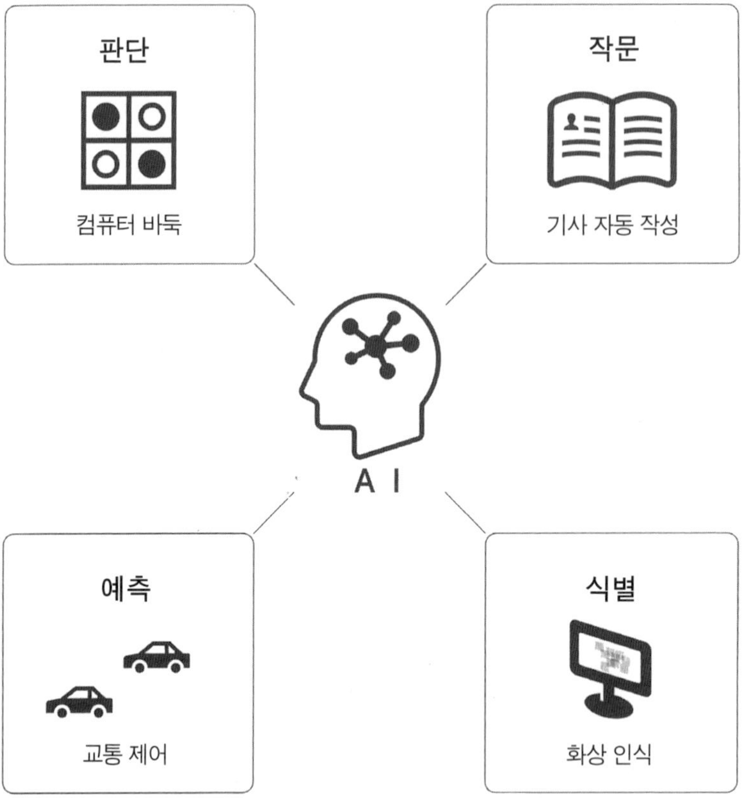

AI는 인간의 지능과 유사한 움직임을 보이지만 내용은 특정 목적에 특화한 형태로 실용단계에 도달했다.

그림 7 **인간과 AI의 비교**

	인간	AI
동작 속도	200헤르츠 정도 (뉴론의 발화 빈도)	기가 헤르츠 정도 (CPU 연산 속도)
운송 속도	100미터/초 정도 (뉴론의 전파 속도)	광속(CPU 내 통신 속도)
부피	두개골(뇌 크기)	창고(슈퍼컴퓨터 크기)

식(상세한 내용은 후술)이어도 상관없다. 외관적으로 지적으로 보이면 AI라고 하자.

핀테크의 고속 거래, 빠른 예측을 활용한 재고관리 등 사람이라기보다는 시스템에 가까운 이미지 관련 기술도 AI의 범주에 포함된다.

현대의 3대 발명: IoT, 빅데이터와 AI

우리는 고객들로부터 "IoT, 빅데이터와 AI는 어떻게 다른가?"라는 질문을 많이 받는다. 이것은 '센싱(Sensing)' '분석' '제어'라는 3가지 역할로 나누어 생각하면 알기 쉽다.

먼저 IoT는 '센싱'의 부분에 해당한다. IoT(Internet of Things, 사물인

그림 8 **IoT, 빅데이터와 AI**

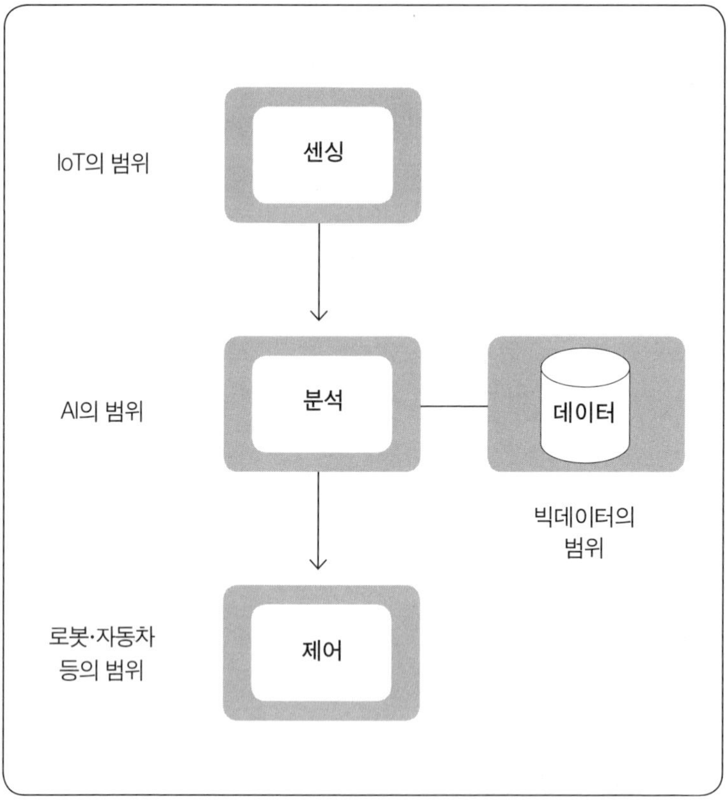

사이버 물리 시스템의 범위

터넷)는 이름 그대로 '물건이 인터넷으로 연결돼 있는' 것을 나타낼 뿐이며 그 이상의 의미는 없다. 그러나 물건이 인터넷에 연결되면 데이터를 수집하여 다양한 비즈니스를 추진할 수 있기 때문에 사람들이 IoT에 대해 가지고 있는 이미지는 다양하다. 이 책에서는 센싱을 통해 얻은 정보를 인터넷을 경유하여 분석하는 장소로 보내는 단계까지를 IoT라고 하자.

센싱을 통해 얻은 정보는 센서로 감지한 데이터뿐만 아니라 마이크로 녹음한 음성 데이터, 카메라로 촬영한 화상 데이터, 라인(LINE)과 같은 텍스트 데이터 등이 있다. 정보를 수집하는 것만으로는 아무런 부가가치가 없기 때문에 당연히 AI에 의한 분석이 실시된다. 그 때문에 IoT라는 용어에는 '인터넷에 연결된다'는 의미에 더해 분석의 느낌도 포함된다.

AI 부분은 '분석'에 위치한다. 빅데이터는 정확하게는 '데이터가 대량으로 존재한다'는 의미뿐이다. '빅데이터 분석'이라고 부르는 경우는 '대량의 데이터를 분석한다'는 의미가 된다. AI라는 용어는 앞에서 언급했듯이 개념에 가까운 용어이며, 다수 존재하는 알고리즘의 총칭이다. 이 책에서는 시뮬레이션도 AI의 일종으로 보고 있다. 높은 정확도를 실현하는 AI는 대량의 데이터를 활용하는 경우가 많다. 그렇기 때문에 AI와 빅데이터의 차이가 불명확해지고 있다.

마지막에 등장하는 '제어'는 분석 결과에 기초하여 사용자에게 지원 정보를 제공하거나 기기를 조작하는 부분이다. 구체적인 예로는 고객의 질문에 대한 대답 표시, 공업용 로봇의 제어, 정체 해소를 위한 신호기의 제어 등이 있다.

IoT라는 용어에 앞서 유행한 것이 '사이버 물리 시스템(Cyber Physical System, CPS)'이다. CPS에는 가상공간과 물리공간을 융합시킨다는 의미와 실제세계에 영향을 미치는 시스템의 의미가 있었다. 처리 흐름과 관련해서는 ① 실제세계의 센싱, ② 사이버(AI)상 분석과 시뮬레이션 실행, ③ 최종적으로 로봇 등을 통해 실제세계에서 행동하는 것이다. 간단히 말하면 CPS란 IoT, AI, 빅데이터, 로봇을 모두 포괄하는 용어라 할 수 있다.

이상의 설명으로 알 수 있듯이 AI가 단독으로 할 수 있는 일에는 한계가 있다. AI를 스마트하게 하기 위해서는 IoT로 대량의 데이터를 수집할 필요가 있다. 또한 분석 결과를 기초로 로봇을 움직이게 하는 등의 행동이 동반되지 않는다면 실제세계에 영향을 미칠 수 없다. 이처럼 AI 단독으로는 영향력이 제한적이고 센싱, AI, 로봇이 융합됨으로써 높은 수준의 처리가 가능해진다. 이 책의 3장에서는 자동차 및 공장 등의 사례를 다루고 있다. 이것은 IoT 및 로봇으로 논의를 확대해야만 AI의 진정한 영향력을 설명할 수 있기 때문이다.

일반적으로 세계 3대 발명품이라고 하면 '나침반' '화약' 그리고 '인쇄 기술'을 의미한다. 이것을 응용하여 AI, IoT 및 빅데이터를 현대의 3대 발명품이라고 칭하는 사람도 있다. AI는 나침반으로서 방향성을 예측하는 것에 이용된다. IoT는 대량으로 데이터를 수집하기 위한 기폭제라 볼 수 있기 때문에 화약의 이미지를 가지고 있다. 옛날에는 인쇄 기술로 정보를 보관했지만 최근에는 빅데이터를 전자 매체의 형태로 축적하고 있다. 일찍이 나침반, 화약, 인쇄 기술에 의해 역사가 크게 변화해온 것처럼 새로운 3가지 테크놀로지가 갖춰진 지금, 전 세계가 다시 크게 변화할 가능성이 커지고 있다.

그러나 지금의 AI에 대한 과도한 기대가 단순한 붐으로 그쳐 머지않아 열기가 식을 것으로 보는 시각도 있다. 이전에도 AI가 불러올 엄청난 영향을 예견했었지만 기대한 만큼의 수준에는 도달하지 못해 소비자의 기대에 부응하지 못했던 경험 때문일 것이다. 지금의 AI 붐이 과거의 반복에 그칠 것인가를 판단하기 전에 AI의 역사를 간략하게 알아보자.

AI의 역사: 탐색, 지식 데이터베이스, 기계학습

AI의 역사는 복잡하기 때문에 지금부터 언급되는 기술은 어디까지나 필자들의 입장에서 본 한 단면이라고 이해하길 바란다. AI는 대략적으로 말하면 '탐색' '지식 데이터베이스' 그리고 '기계학습'이라는 흐름을 거쳐서 진화해 왔다.

먼저 '탐색'은 최적해(Optimal Solution)를 찾는 것이다. 모든 패턴을 컴퓨터로 계산하면 반드시 최적해를 발견할 수 있지만 그러려면 너무 많은 시간이 소요되기 때문에 현실적인 방법이라고 할 수 없다. 그 작업을 얼마나 생략해서 효율적으로 최적에 가까운 것을 발견할 수 있느냐가 탐색 기술의 핵심이다.

예를 들어 AI 장기 및 AI 체스에도 탐색 기술이 이용되고 있다. 다음에 어떤 수를 둘 것인가라는 선택지에는 몇 가지 패턴이 있다. 자신이 취할 수 있는 수가 20패턴이고 그 다음 상대방도 20패턴이 있고 그것을 받아 자신에게도 20패턴이 있다고 하면 검토해야 할 대상은 20 x 20 x 20의 패턴이 있게 된다. 이것을 모두 계산하기는 매우 어렵다. 인간이라면 몇 가지 주관적인 기준으로 선택지를 좁혀간다. 이와 동일하게 컴퓨터도 어느 정도 범위를 좁힌 다음 계산하기 때문에 고속 처리가 가능하다.

그림 9 **인간 VS. 컴퓨터의 역사**

게임	탐색 공간	인간과 AI의 비교
 체스	10의 120승	• 체스 챔피언 게리 카스파로프(Garry Kasparov)를 격파하다(1997년).
 장기	10의 220승	• 제3회 장기전왕전에서 프로기사 1승 4패 (2014년 3월). • 장기전왕전 결승전에서 프로기사 3승 2패 (2015년 3월). • 제1기 전왕전에서 프로기사 0승 2패 (2016년 4월).
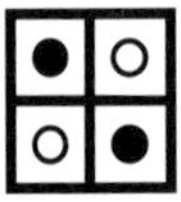 바둑	10의 360승	• 세계 최강 기사 이세돌 9단에 알파고 4승 1패(2016년 3월). • 인터넷 바둑 사이트에서 신형 알파고가 프로기사를 상대로 60연승 (2017년 1월 기준).

역사적으로 보면 탐색 기술이 처음 등장한 때는 1980년대 중반이다. 당시에는 연산 파워가 약했기 때문에 틱택토(Tic Tac Toe)처럼 간단한 게임만 수행하는 정도에 불과해 실용단계에는 미치지 못했다. 탐색 기술이 활약하기 시작한 때는 1990년대 중반의 '지식 데이터베이스' 시대로 접어들면서부터다. 이 시기부터 '규칙 기반 시스템(Rule-Based System)[3]'과 '온톨로지(Ontology)'라는 개념이 논의되기 시작했다.

규칙 기반 시스템과 온톨로지

규칙 기반 시스템이란 인간의 지식을 써 내려간 것으로 '조건을 충족할 경우 이 처리를 실행한다'라는 식으로 규정된다. 예를 들어 웹의 성격 진단처럼 '네'와 '아니오'로 나누고 '당신은 무슨무슨 타입이다'라는 답을 내는 방식이 규칙 기반 시스템이다.

이러한 규칙을 컴퓨터에 대량으로 입력한 후 질문하면 컴퓨터가 마치 스스로 생각해서 전문적인 답을 낸 것처럼 대답한다. 얼핏 보면 이 컴퓨터는 매우 지적으로 보이지만 실제로는 인간인 전문가가 뒤에서 열심히 규칙을 써 놓았던 것이다. 이와 같이 특정 영역에 초점을 맞추고 인간이 대량의 규칙을 써 내려가면 어느 정도는 지적인 처리를 수행할 수 있는 컴퓨터를 개발할 수 있다. 그러나 어떠한 질문에도 대응할 수 있는 만능 컴퓨터를 목표로 하는 경우에는, 세상에 존재하는 규칙 모두를 인간의 손으로 써내려가는 방식은 분명히 한계가 있다. 또한 '아름답다' '늠름하다'와 같은 인간의

3 소프트웨어 설계자가 정한 규칙에 따라 움직이는 시스템.

미적센스를 규칙화하여 써내려가기는 어렵다. '깨끗하다'가 어떠한 상태인가는 아무리 많은 질문을 해도 명확하게 정의하기가 무척 곤란하기 때문이다.

인간이 지식을 써내려가는 또 하나의 방법에 온톨로지(개념 체계)가 있다. 이는 개념 간의 관계를 정리하는 수법이다. 예를 들어 야구는 '스포츠의 일종이다', 스포츠는 '취미다'처럼 단어와 단어의 관계를 상위 개념과 하위 개념으로 명확히 하면서 대응시켜 나가는 방식이다.

이렇게 정리하게 되면, 인간과 유사한 지식을 보유한 컴퓨터를 실현할 수 있다. 생명보험의 심사과정을 생각해보자. 예를 들어 60세 이하이며 스포츠를 즐기는 사람은 보험료를 몇 퍼센트 할인한다는 규칙이 있다고 해보자. 계약자가 취미란에 '야구'라고 적은 경우, 온톨로지라면 야구는 스포츠이고 이 규칙의 적용대상이라고 컴퓨터가 판단할 수 있다. 다만 인간이 작성한 온톨로지를 바탕으로 판정할 뿐이므로, 스포츠가 어떤 것인지 컴퓨터가 구체적으로 이해한다고 볼 수는 없다.

기계학습의 발전

비즈니스업계에서는 온톨로지에서 한 세대 더 발달한 '기계학습'이 주목을 받고 있다. 기계학습은 대량의 데이터를 이용하여 AI를 '똑똑'하게 만드는 수법으로 많이 배우면 그만큼 똑똑해지기 때문에 기계학습이야말로 AI 기술의 대명사라고 생각하는 사람들도 많다. 기계학습은 패턴 인식, 예측, 이상 검지 등으로 분류될 수 있다.

여기에는 개 사진을 보고 '시바견(일본 토종개의 일종-옮긴이)인지 포메라니안인지' 판별하는 경우를 생각해보자. 규칙 기반 시스템에서는 전문가가 '털 색의 정도' '털의 길이' 등의 조건을 정의하고, 그 조건이 ○○포인트

그림 10 **AI 기술의 진보**

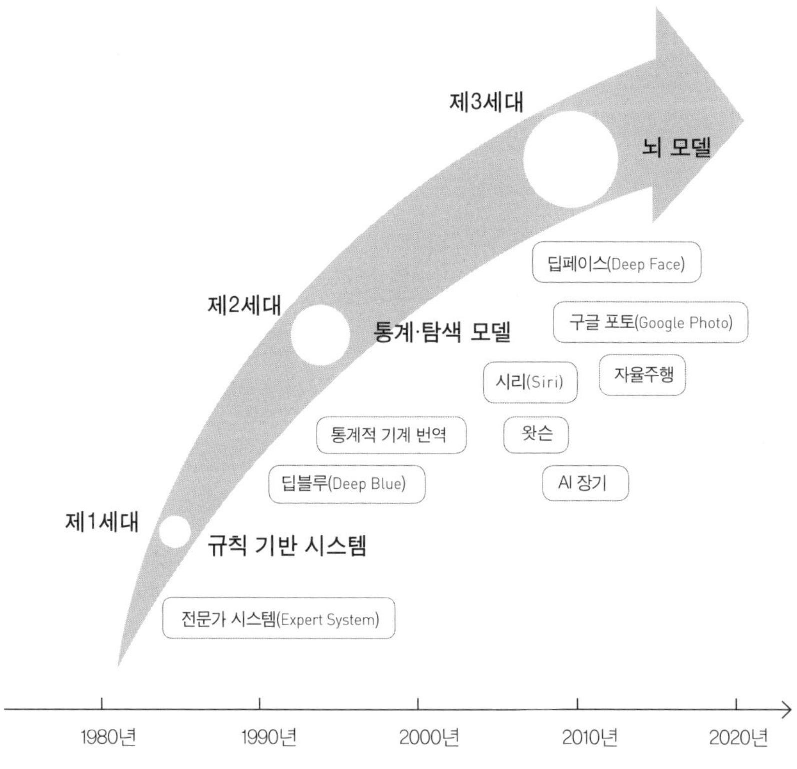

면 시바견, ○○포인트면 포메라니안이라는 식으로 식별을 위한 규칙을 작성한다. 일반적으로 조건은 여러 개이며, 조건을 기준으로 선택하여 최종적으로 어느 쪽인지 판정하게 된다. 한편 기계학습의 경우에는 '털 길이' 등의 조건은 인간이 결정하지만 ○○포인트라는 수치부분은 대량의 데이터로부터 자동으로 결정된다.

이제까지 탐색, 규칙 기반 시스템, 온톨로지 및 기계학습을 살펴보았지만 이들 기술이 반드시 단독으로 사용되지는 않는다.

대량의 뉴스 원고에서 탐색 기술을 사용하여 스포츠에 관한 원고를 찾아낸 후 온톨로지를 사용하여 야구와 테니스가 스포츠인 것을 이해하면서 규칙 기반 시스템 및 기계학습을 조합하여 중요도가 높은 뉴스를 자동으로 선택해내듯이 여러 기술을 조합하는 경우도 많다. 각 기술에는 장점과 단점이 있기 때문에 적재적소에 구분하여 사용할 필요가 있다. 반대로 말하면 하나의 기술로 모든 것을 해결할 만큼 현재 AI기술은 범용성을 갖추고 있진 않다.

〉칼 럼

강화학습이 일본을 구한다

강화학습이란 기계학습의 일종으로 시행착오를 거치면서 컴퓨터가 오류를 범하지 않도록 스스로 배우는 수법이다. 강화학습을 수행하려면 먼저 인간이 '성공이란 무엇인가' 혹은 '실패란 무엇인가'를 정의할 필요가 있다. 이후에는 컴퓨터가 시행착오를 거치게 하여 성공했을 때에만 보상한다(실패했을 때에는 벌칙을 준다). 이러한 과정을 반복하면 컴퓨터는 점차 요령을 익히게 된다.

강화학습의 유명한 예로는 '부딪치지 않는 자동차'가 있다. 일정 구획 안에 AI를 탑재한 소형 실험차를 서로 부딪치지 않도록 주행시키는 프로젝트로 도요타, PFN(Preferred Network), NTT연구소가 공동으로 참여하고 있다. 실험차에는 카메라와 센서를 장착시켜 충돌하면 득점을 줄이고, 접촉 없이 잘 주행하면 득점을 높이는 간단한 논리만으로 실험을 진행한다. AI가 무엇도 학습하지 않은 초기단계에서 실험차는 빈번하게 충돌하지만 학습을 반복하는 가운데 충돌 빈도는 점차 줄어든다. 그리고 최후에는 서로 잘 피하면서 달릴 수 있게 된다.

자동차는 가속 페달과 브레이크의 강약 및 운전대의 조작 등 여러 행위를 조합하여 주행한다. 충돌을 피할 수 있었다면 이는 가속 페달 혹은 브레이크의 조작이 좋았던 것인데, AI는 이에 대한 판단이 어렵다. 그러나 AI는 반복 실험을 통해 어떤 장치를 어떻게 조절하면 안전을 확보할 수 있는지 자연스럽게 학습해간다.

2016년 3월 구글이 인수합병(M&A)한 딥마인드의 AI '알파고'가 한국의 바둑 챔피언과 대전하여 거둔 승리로 세간이 떠들썩했다. 주목을 받은 배경에는 장기세계에서는 AI가 이미 정상급 장기기사를 능가하고 있지만, 바둑세계에서 AI가 챔피언을 이기려면 아직 시간이 더 필요하다고 인식됐기 때문이다. 알파고가 강한 이유는 여러 가지가 있지만 그중 하나가 강화학습을 도입했기 때문이다. 알파고는 과거에 프로기사가 행한 대국의 기보를 학습했을 뿐만 아니라 컴퓨터 간의 시합 경험을 거듭하며 강해질 수 있었다. 실제로 알파고는 3,000만 회에 이르는 자기 대전을 반복했고, 그 대전에서 얻은 경험을 강화학습을 통해 자신에게 피드백하여 비약적으로 강해진 것이다.

다른 사례로는 어떠한 규칙도 부여하지 않고, AI가 게임을 반복하도록 한 경우도 있다. AI에게 게임 화면 영상과 점수만을 부여하고 자유롭게 조작하도록 하면 컴퓨터는 점수를 늘리는 방법을 스스로 학습한다. 이것은 마치 인간처럼 게임을 하면서 자체적으로 요령을 배우는 것이다.

이 칼럼의 제목처럼 강화학습은 일본을 구할 가능성이 있다. 일본기업이 대량으로 데이터를 보유하고 있는 구글이나 페이스북을 이기는 것은 지극히 어려운 일이지만 강화학습은 시행착오를 거치면서 데이터를 늘려가기 때문에 대량의 데이터를 갖추지 못한 기업도 고려해볼 수 있다. 또한 일본은 하드웨어가 강한 국가이기도 하다. 강화학습을 통해 로봇에게 시행착오를 거치게 하여 이전에는 인간만이 할 수 있던 작업을 로봇에게 맡기는 방식은 일본의 제조업 부활을 위한 현실적인 방식이다. 이것은 도쿄 대학 마쓰오 교수의 주장이기도 하다.

AI 진화 요인: 하드웨어, 데이터, 알고리즘

AI는 시대와 함께 진화해왔지만 놀랄 정도로 고도의 수준에 도달했다고 말하기는 어렵다. 그러나 현재 특정 분야에서는 인간을 뛰어넘는 성과를 보이는 수준까지는 진화했다. 이 정도로 기술이 발달한 배경에는 '하드웨어' '데이터' 및 '알고리즘'이라는 3가지 요인이 크게 영향을 미쳤다.

하드웨어의 진화

AI가 진화한 배경 중 하나로 연산 능력의 향상을 생각할 수 있다. 최초로 체스의 명인을 격파한 IBM의 '딥블루'는 초기 형태로 국면의 우열을 판단하는 평가함수와 1초에 2억 개의 수까지 예측하는 탐색 기술을 조합하여 높은 성능을 실현했다.

AI는 완전 정보 게임에 강한 특성이 있다. 완전 정보 게임이란 우연적인 요소가 들어 있지 않은 게임으로 체스 및 장기가 대표적인 예이다. 반대로 포커나 마작은 경기자의 강약뿐만 아니라 트럼프카드의 뽑기 능력이나 배열이 우열에 영향을 미치기 때문에 불완전 정보 게임이다. 완전 정보 게임이라면 상대방 수와 관련한 모든 패턴을 계산하여 필승법을 찾아내지만 체스의 패턴은 10의 120승, 장기는 10의 220승, 바둑은 10의 360승의 패턴이 존재하므로 바둑에서는 10수 앞조차 내다보기 어렵다. 체스에서 장기로, 장기에서 바둑으로 AI가 활약하는 무대의 변화는 패턴이 많아질수록 다음 수 예측에 막대한 연산 파워가 필요하기 때문이다. 이를 통해 알 수 있듯이 AI의 성능은 알고리즘뿐만 아니라 하드웨어의 발달에 큰 영향을 받는다.

"하드웨어는 지수함수적으로 진화한다"는 유명한 말이 있다. 이는 무어의 법칙으로도 알려져 있는데 인텔의 공동 창업자인 고든 무어에 의해 1965년 제창된 개념이다. 이것은 '반도체의 집적도는 약 18개월마다 2배가 된다'는 의미로 바꿔 말하면 연산 속도는 18개월마다 2배가 된다라고도 할 수 있다.

즉, 일본이 자랑하는 슈퍼컴퓨터 '경(京)'에는 8만 2,944개의 CPU가 탑재돼 있으며, 메모리량은 1.4페타바이트에 달한다. '경'으로 40분 걸리는 뇌의 시뮬레이션을 인간의 뇌는 1초만에 처리한다. 이렇듯 현재의 기술 수준으로는 컴퓨터가 인간의 뇌와 같은 수준의 처리를 하게 할 수는 없다. 하지만 슈퍼컴퓨터가 무어의 법칙에 따라 진화한다면 2025년경에는 컴퓨터의 연산 속도가 급속히 향상돼서 인간의 뇌와 비슷한 시간에 시뮬레이션이 가능할 것이다. 연산 속도뿐만 아니라 스토리지 및 네트워크도 동일하게 지수함수적으로 진화하고 있다.

지수함수는 흔히 폭력이라고 말한다. 지수함수란 2, 4, 8, 16과 같이 2배씩 증가하는 것이 특징이지만 숫자가 적은 소소한 변화에는 누구도 영향의 크기를 인식하지 못한다. 예를 들어 1엔의 빚에 이자가 붙어서 2엔 혹은 4엔이 돼도 신경 쓰는 사람은 거의 없을 것이다. 그러나 시간이 경과하여 2의 30승인 10억 엔까지 빚이 늘어나면 큰 문제가 된다.

흥미롭게도 인간은 자신의 시선을 기준으로 느끼는 방식을 크게 달리한다. 예를 들어, 인간의 시점에서 개미는 별것이 아니다. 개미가 2배, 4배로 커진다고 해도 조금 커졌나보다 하고 느낄 정도다. 그러나 이웃에 사는 15세 소년이 2배, 4배 커지면 놀라움을 감출 수 없을 것이다. 만약 커진 것이 소년이 아니라 자신에게 위해를 가할 수 있는 곰이라면 인간은 일찍이 경험하지 못했던 공포를 느낄 것이다. 이처럼 인간은 자신의 능력이나 크기를 넘어섰을 때 놀라움이나 공포스러움을 느낀다. 인간이 존재조차 느끼지 못하던 개미가 갑자기 인간과 동등한 수준까지 커져 당혹스러워 하는 사이에 개미는 순식간에 공룡만큼 커져간다. 이것이 지수함수의 무서움이다.

앞서 언급했듯이 컴퓨터가 현재 속도를 유지하며 지수함수적으로 진화하면 2025년경에는 AI가 인간의 능력을 따라잡을 것이다. 그리고 컴퓨터가 인간의 지적 수준과 유사해졌다고 인식한 수년 후에는 인간을 초월한 존재로까지 진화할 가능성이 있다. 지금까지 인간의 지적 능력은 여타 생물을 크게 넘어섰지만 인류는 처음으로 자신을 넘는 지성과 대면하게 될 것이다.

물론 연산 속도가 인간을 뛰어넘어도 컴퓨터의 지적 능력이 인간을 넘지 못할 가능성도 있다. 연산 속도와 지적 능력은 결코 비례하지 않기 때문이다. 그렇지만 인류 사상 처음으로 인간의 지성을 뛰어넘을 가능성이 있는 AI에 대해 인간은 본능적으로 공포를 느낀다. 또한 연산 속도가 인간을 뛰어넘는 것이 싱귤래러티(Singularity, 컴퓨터가 인간의 지성을 초월하는 현상)의 시대가 도래한 하나의 중요한 근거가 되고 있다.

다만 앞으로도 무어의 법칙이 지속될지는 알 수 없다. 반도체 칩의 미세화는 물리적 한계에 도달해 있어서, 5~6년 후에는 무어의 법칙이 종언을 고할 것이라는 주장도 제기되고 있다. 반도체의 집적도를 향상시킬 수는 있어도 투자 대비 효과 및 발열 이슈가 이를 억제하는 요인으로 작용할 가능성도 있다. 지금까지 그래왔듯 반도체의 미세화를 통해 연산 속도를 향상시키는 방법은 점점 어려워져서 무어의 법칙을 지속시키려면 사용하는 소재나 구조를 변화시키는 등 돌파구가 필요하다.

데이터량의 폭발적 증가

AI가 크게 진화한 두 번째 배경은 학습에 사용할 수 있는 데이터량의 증가이다. 국제전기통신연합(International Telecommunication Union, ITU)의 발표에 따르면 현재 전 세계 인터넷 사용 인구는 약 30억 명에 달한다고 한다. 구글 회장 에릭 슈미트는 "2025년에는 전 세계 인구 중 80억 명이 인터넷으로 연결될 것이다"라고 말했다. 앞으로 10년 후에 인터넷 인구가 30억 명에서 80억 명으로 증가한다는 것은 상당히 과감한 예측이라고 생각할 수도 있지만 현재 휴대전화 사용자는 70억 명을 넘어서고 있고, 이 70억 명이 10년 후에는 스마트폰 사용자로 이행한다면 80억 명이 인터넷으로 연결된다는 것은 충분히 있을 수 있는 상황이다.

스마트폰 사용자가 80억 명에 이르면 '라인' 등 메신저 이용이나 동영상 촬영에 의해 인간이 생성하는 데이터도 급증하게 된다. 산업기기, 의료기기, 자동차 등의 기계에서 생성되는 데이터도 막대한 양으로 불어난다.

이처럼 방대하고 다양한 데이터를 입수하게 된 상황은 과거 AI가 붐을 일으켰던 시기와는 크게 달라진 점이다. 대량의 데이터가 있으면 고순도의 AI를 실현할 수 있다. 반대로 데이터의 증가가 AI의 진화를 촉진시키고 있는 측면도 있다.

알고리즘의 극적인 진화

연산 속도의 향상 및 데이터량의 증가뿐만 아니라 알고리즘도 빠르게 진화해왔다. 최근 특히 주목받는 딥러닝(Deep Learning)이라 불리는 알고리즘이 있다.

딥러닝은 생물의 뇌 구조에서 힌트를 얻어 고안된 AI이다. 사실 뇌의 움

그림 11 **컴퓨터가 획득한 고양이의 개념**

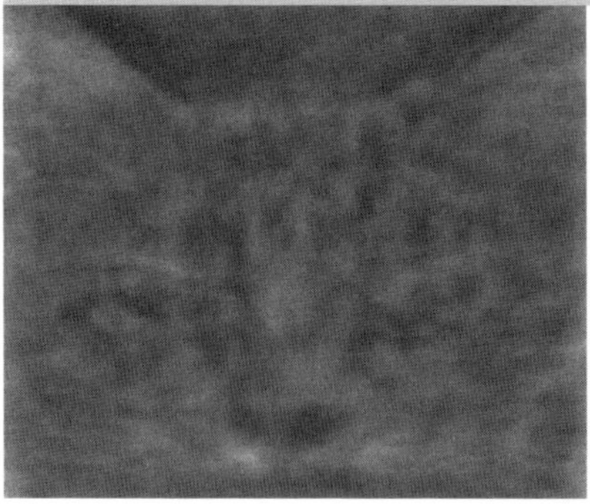

출처: https://googleblog.blogspot.jp/2012/06/using-large-scale-brain-simulations-for.html.

직임을 참고로 정확도를 향상시키는 수법은 이전부터 있었다. 이것은 뉴럴 네트워크(Neural Network)라고 불리는 수법으로, 인간의 뇌로 말하면 시냅스가 3열로 나열된 구조를 하고 있다. 딥러닝은 뉴럴 네트워크가 진화된 형태로 층의 수를 늘려서 복잡한 것도 분류 가능하게 하여 정확도를 크게 높일 수 있게 됐다.

딥러닝이 처음으로 세상에 충격을 준 것은 2012년에 열린 '국제이미지인식대회(ImageNET Large Visual Recognition Challenge, ILSVRC)'이다. 이 대회는 여러 분야에서 컴퓨터의 화상인식 정확도를 겨룬다. 물체 식별 부문에서는 다양한 물체가 비춰지는 여러 화면이 준비되며, 그 화면을 컴퓨터가 읽어내서 대상물을 특정화한다. 이 대회에서 딥러닝을 사용한 토론토 대학 팀이 이전 대회보다 크게 향상된 정확도를 실현시켜 2위 이하 팀을 크게 압도했다.

이 사건은 연구자들에게도 큰 영향을 끼쳤다. 이후 구글의 고양이 인식이라 불리는 실험이 뉴스가 됐고, 딥러닝의 위력이 전 세계에 알려졌다. 이 실험으로 구글은 딥러닝의 기술을 탑재한 AI에게 유튜브에 있는 고양이 동영상을 보여주고 고양이의 개념 및 특성을 자동으로 파악하는 작업을 진행했다. 구글의 고양이 인식 실험 결과가 얼마나 놀라운가를 설명하는 것은 간단하지 않다. 여러분은 고양이와 개를 간단히 구분하겠지만 "화면에 보이는 이미지가 개가 아니라 고양이라고 판단한 이유를 알려주세요"라는 질문을 받으면 난감할 것이다. 인간은 경험을 통해 '고양이란 어떤 것'인가를 이해하고 경험적으로 '다른 동물과의 차이점'을 배운다. 구글은 인간의 자연스러운 개념 및 인식 능력 습득과정을 고양이 인식 실험을 통해 컴퓨터에서 실현한 것이다. 구글의 고양이 인식 실험은 뉴스를 통해 보도됐고 전 세계에서 큰 반향을 불러일으켰다. 이를 계기로 딥러닝을 사용한 다양한 실험 결과가 발표됐다.

화면에 비춰진 것을 컴퓨터가 설명하게 하는 실험에도 딥러닝이 이용되고 있다. 인간이 오토바이를 타고 주행하는 화면을 컴퓨터에게 제공하면, '인간이 오토바이를 타고 주행하고 있다'라는 설명문이 AI에 의해 작성된다. 이 연구에서는 화면을 보고 설명문을 생성했지만 반대로 문장을 읽고 화상을 생성시키는 실험도 있다. 화상 작성자가 AI라는 것을 증명하기 위해 이 실험에서는 현실세계에는 있을 수 없는 문장을 AI에게 제공하여 화상을 생성시켰다. 예를 들어 '멈춤 표식이 하늘을 날고 있다'는 문장을 AI에게 제시한 실험에서 AI는 보기 좋게 '둥글고 빨간 물체가 하늘을 비행하는 화상'을 생성했다. 기존에 '멈춤 표식이 하늘을 나는' 화상은 없기 때문에 이 화상은 AI가 독자적으로 생성한 것이라고 볼 수 있다. 이 실험을 통해 AI가 이해한 멈춤 표식의 개념은 빨갛고 둥글며 하늘을 나는 것임이 증명됐다.

흑백사진에 색을 입히는 연구도 있다. 대량의 화상을 봄으로써 AI가 실제의 색을 상상할 수 있게 된 것이다. 이와 같은 학습에는 수만, 수십만 장의 화상이 이용된다. 특히 딥러닝은 많은 데이터를 필요로 한다고 알려져 있다.

딥러닝을 활용할 때에는 고스펙 하드웨어가 필요하다는 점을 유의해야 한다. 컴퓨터에는 CPU가 탑재돼 있지만 딥러닝을 활용할 때에는 CPU뿐만 아니라 GPU라고 하는 그래픽용 연산처리장치를 이용할 필요가 있다. 어느 정도 규모가 있는 실험의 경우, GPU가 없으면 계산 시간이 너무 많이 소요돼서 연구가 원활하게 진행되지 않을 것이다. 이처럼 딥러닝 활용에는 하드웨어의 진화와 데이터의 증가가 요구된다. 하드웨어, 데이터, 알고리즘의 3박자가 갖춰져 지금의 AI 붐이 만들어진 것이다.

〉칼 럼

과연 싱귤레러티는 도래할 것인가

현재와 같은 속도로 하드웨어의 진화가 이어진다면 2045년에는 스마트폰 성능이 현재의 슈퍼컴퓨터와 같은 수준이 된다. 그리고 슈퍼컴퓨터의 능력이 전 인류 지성의 총합을 넘는 싱귤레러티에 돌입할 것으로 예측되고 있다.

싱귤레러티란 세계적인 미래학자이며 발명가이기도 한 커즈와일(Raymond Kurzweil)이 제창한 개념이다. 싱귤레러티의 세계에서는 AI가 스스로 개량을 거듭하여 한계를 뛰어넘고 진화하며 인류 전체의 지성을 초월한 초지능이 탄생할 것으로 예상한다. 수확가속의 법칙에 의해 중요한 발명이 곧바로 여타 발명에 영향을 미치고 계속해서 새로운 발명이 생겨난다. 새로운 발명이 발견되기까지의 기간은 점점 단축되며 이노베이션의 속도가 급속히 빨라진다.

인간 뇌의 구조가 해명되고 슈퍼컴퓨터로 뇌의 시뮬레이션이 가능한 시대가 되면 컴퓨터가 인간과 같은 수준의 지성을 갖는 상황도 불가능하지는 않을 것이다. 컴퓨터의 연산 속도가 인간의 사고능력을 크게 초월하면 인간보다 월등한 컴퓨터가 등장해도 이상하지 않다. 인간 뇌의 크기는 1,300그램 정도밖에 성장하지 못하며, 시냅스의 동작 속도에도 생물학적인 한계가 있다. 그러나 AI의 하드웨어 크기는 공장처럼 대규모로 확대할 수 있고, 통신 속도는 원리적으로는 빛의 속도까지 개선이 가능하다. 또한 인간에게는 '죽음'이라는 것이 존재하고 유한한 시간 내에서만 지성을 성장시킬 수 있지만, AI는 반영구적으로 성장시킬 수 있다. AI에는 인간과 같은 생물적인 한계가 존재하지 않는 것이다.

이에 대해, 싱귤레러티는 일어나지 않을 것이라는 의견도 많다. 실제로 싱귤레러티에 도달하기 위해서는 무어의 법칙이 수십 년이나 지속될 필요가 있고, 인간의 뇌가 완전히 해명되거나 현재의 기술 수준을 크게 뛰어넘는 강력한 알고리즘이 발견돼야 한다. 이러한 조건이 충족된다는 것이 얼마나 어려운 일인지를 충분히 이해하고 있기 때문에 특히 전문가를 중심으로 싱귤레러티에 대해 부정적인 의견이 많다.

인간을 뛰어넘기 시작한 딥러닝

구글의 고양이 인식 실험에서도 설명했지만 인간은 경험을 통해 개념 및 인식능력을 향상시킬 수 있다. 이러한 능력은 자연스럽게 몸에 익혀지기 때문에 'A와 B의 구별법을 알려달라'는 요청을 받게 되면 제대로 대답하기가 어려울 것이다. A에 대해 '안경을 쓰고 있다' '키가 크다' 등의 특징은 있을 수 있지만 '안경을 쓰고 있는 C는 A와 무엇이 다른가' 'D도 키가 클 것이다'라고 한다면 제대로 대답하기 곤란하다.

화상을 보고 A인지, B인지를 맞추는 것과 같은 '식별처리'는 패턴 인식이라고 불리며 과거 수십 년 동안 AI가 인간을 이길 수 없었던 분야다. 이른바 종래형 AI는 수치로 표현이 가능한 정보의 취급에는 뛰어나지만 수치로 표현할 수 없는 화상, 음성, 텍스트와 같은 비구조화 데이터를 다루는 분야는 약점을 보였다. 반대로 인간은 비구조화 데이터를 논리적으로 생각하지 않고 직감적, 경험적으로 다룰 수 있다. 종래형 AI와 인간은 각각 뛰어난 영역이 크게 다르다.

그런데 딥러닝이 등장한 이후 비구조화 데이터를 취급하는 분야에서도 특정영역에서는 AI가 인간에게 거의 근접했고, 때로는 정확도에서 상회하는 결과를 만들어낼 수 있게 됐다.

앞서 거론한 ILSVRC의 물체 검출대회에서는 2012년 식별률은 71.8퍼센트였지만 2년 만에 93.3퍼센트까지 급상승했다. 이후에도 진화는 멈추지 않았고 현재는 97퍼센트 정도까지 개선됐다. 인간을 대상으로 같은 실험을 실시하면 식별률이 94.9퍼센트 정도로 나타난 점을 감안하면 이미 인간을 넘는 식별능력을 보유한 AI가 등장한 셈이 된다.

페이스북은 2014년에 사람 얼굴이 찍힌 사진 2장을 보여주고 같은 사람인지 다른 사람인지를 맞추게 하는 식별 실험을 실시하고, 그 결과를 논문으로 발표했다. 이 논문에 의하면 딥러닝을 활용한 수법의 정답률은 97.25퍼센트이며, 같은 과업을 인간이 수행하면 97.53퍼센트인 것으로 나타났다. 이 실험에서 인간은 간신히 승리했으며 AI의 능력은 인간과 동등한 수준에 도달했다고 할 수 있다.

음성인식 기술에서도 잡음이 큰 환경에서는 AI가 인간보다 뛰어나다. 2015년에 열린 국제음성인식대회 'CHiME-3'에서는 인간의 오차 인식률도 11퍼센트가량인 잡음 섞인 음성으로 음성 인식 정확도를 겨뤘다. 이 대회에서 NTT연구소는 딥러닝과 잡음 억제 기술을 조합한 고순도 음성인식 기술을 개발하여 오차 인식률을 세계 최고인 5.8퍼센트까지 낮췄다.

앞서 언급한 페이스북 실험에서는 AI에게 화상 데이터만을 제공했기 때문에 인간이 AI에게 승리를 거두었지만, 센서를 추가로 설치하고 화상 데이터와 함께 사람의 골격이나 체중 등의 정보를 AI에게 제공하면 인간은 컴퓨터를 이길 수 없다. 비록 그 인물이 변장해서 얼굴의 절반이 가려졌다고 해도 AI는 높은 확률로 얼굴을 인식할 수 있다.

1장 「현대의 3대 발명」에서 AI를 '센싱' '분석' 및 '제어'라는 3가지 처리로 분류했다. 이 분류 기준으로 말하면 센싱과 제어의 영역에서는 이미 테크놀로지가 인간을 능가하고 있다. 인간의 감각기관은 센서만큼 정확하고 섬세하지 못하다. 또한 몇 밀리미터 단위로 손을 움직이는 등의 정밀함도 없다. 마지막 '분석'의 영역에서 기계가 인간의 지능에 근접하면 AI가 인간을 넘는 존재가 될 가능성도 있다.

그렇다고는 해도 딥러닝이 만능은 아니며, 앞으로 해결해야 할 문제도 많다. 특정의 화상 인식에서는 인간을 거의 따라잡았지만 문자를 읽고 의미를 이해하는 영역은 아직 능숙하지 못하다. AI에게 정보를 제공하기만 하면 무엇이든 자동으로 학습하는 것은 아니며, 높은 정확도를 얻으려면 철저한 준비가 필요하다. 화상 및 음성 등의 비구조화 데이터를 사용하지 않는 경우는 딥러닝보다도 이전부터 존재한 AI가 더욱 뛰어난 경우도 있다.

따라서 딥러닝에 과도한 기대를 해서는 안 된다. 동시에 현재의 AI가 이 정도 수준밖에 안된다고 실망할 필요도 없다. 컴퓨터로 달성이 어려웠던 패턴 인식 등의 영역에서 돌파구가 생겼고 계속해서 새로운 발견이 진행되고 있다. 향후에도 연구를 계속하면 5년 후 혹은 10년 후에는 AI가 비약적인 진보를 실현해낼 것이다.

AI가 강한 분야와 약한 분야

지금부터는 AI의 특징에 대해서 설명한다. 이제까지의 설명을 바탕으로 정보를 정리하면 다음과 같다.

- 인간을 초월한 지능을 발휘하는 경우도 있지만 만능은 아니다.
- 딥러닝은 최신 알고리즘이고 현재 화상, 음성, 텍스트, 로봇 제어 등에서 활용이 촉진되고 있다.
- 알고리즘 개량이 AI를 진화시키는 유일한 방법은 아니다. 데이터량의 증가 및 하드웨어의 고속화도 중요하다.

지금까지 살펴본 바와 같이 현재의 AI는 만능이 아니다. 그렇기 때문에 적재적소에서 알고리즘을 구분하여 사용할 필요가 있다. 구분하여 사용하기 위해 인간과 AI의 차이를 고려하면서 AI의 도입 분야를 검토하는 방법도 유용하다. 예를 들어 AI에는 다음과 같은 특징이 있다.

- 기억력이 좋고 방대한 정보를 다룰 수 있다.
- 한 번 기억한 것은 단시간에 정확하게 처리할 수 있다.
- 규칙 및 명령에 복종하고 불평불만이 없다.
- 24시간 365일 일을 수행할 수 있다.
- 노동력이 부족한 경우, 간단하게 복사하여 수를 늘릴 수 있다.
- 데이터에 기초한 객관적 판단을 내릴 수 있다.

한편 인간보다 AI가 부족한 분야도 있다. 적어도 현재의 AI에는 다음과 같은 약점이 존재한다.

- 물건의 식별이 어렵고 대량의 데이터를 제공하지 않으면 기억할 수 없다
- 인간이 사용하는 언어의 의미를 능숙하게 이해하지 못한다.
- 알려준 범위에서만 행동할 수 있으며 상식적인 판단이 어렵다.
- 인간의 기분에 대한 이해나 공감은 일정 수준을 넘어서기 어렵다.
- 의문점을 도출하지 못한다. 질문을 스스로 만들어내거나 재치를 발휘하지 못한다.
- 예전의 경험에 기초해서만 행동할 수 있다. 환경이 변화해도 대량의 데이터가 모일 때까지는 이전의 대답을 반복한다.

AI의 5대 적용 분야

AI 활용 분야는 다양하고 업무에 적용도 확대되고 있다. 필자들은 AI의 적용 영역을 '지식 탐색·조망' '지식 발견·의사 결정' '콘텐츠 생성' '커뮤니케이션' '지각·제어'와 같이 대략 5가지로 나눠서 설명하고자 한다.

지식 탐색·조망

대량의 데이터로부터 필요한 정보와 지식을 도출하거나 대량의 데이터를 인간이 알기 쉽게 제시하는 영역이다. 미국의 퀴즈프로그램에서 인간 챔피언을 상대로 승리한 IBM의 왓슨은 바로 대량의 데이터에서 대답을 발견하는 능력으로 유명하다.

지식 발견·의사 결정

AI가 스스로 생각하고 무언가의 지식을 발견하거나 의사 결정을 하는 영역이다. 비즈니스 현장에서는 예측이나 이상 검지 등의 지식 발견 기술이 자주 이용되고 있다. 또한 컴퓨터 장기 및 바둑 등은 몇 수 앞을 읽어내고 프로기사를 상대로 승리를 거두는 단계까지 진화했다.

콘텐츠 생성

AI가 대량의 정보를 참고하여 화상, 음악, 문장 등의 콘텐츠를 자동으로 만들어내는 영역이다. AI를 이용해 쓴 소설을 문학상에 응모하여 뉴스거리가 되기도 했지만 문장력은 아직 인간의 수준에 미치지 못한다. 그러나 브랜드의 로고 생성 및 스포츠 기사 작성 등 상업용 서비스는 이미 등장했다.

그림 12 **AI의 5대 적용 분야가 바꾸는 세계**

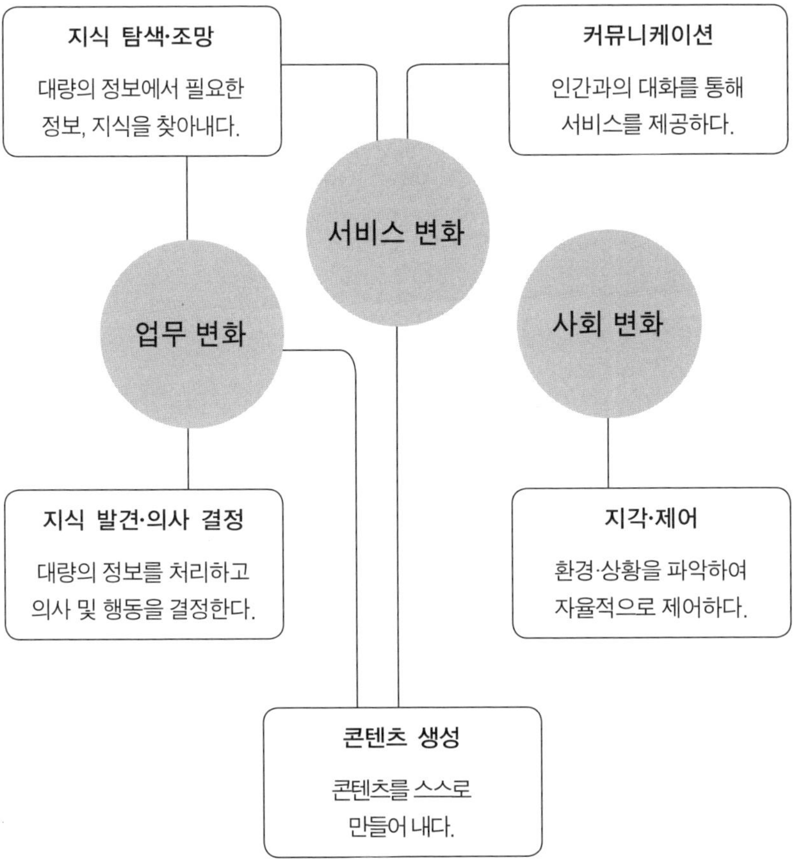

그림 13 **감정 인식 퍼스널로봇 '페퍼(Pepper)'**

사진: 오가타 후미시게

커뮤니케이션

인간과의 대화를 통해 서비스를 제공하는 영역이다. 예를 들어 애플의 '시리(Siri)'로 대표되는 퍼스널에이전트 서비스나 소프트뱅크의 페퍼(Pepper) 같은 커뮤니케이션 로봇이 등장하고 있다. 인간과 AI의 커뮤니케이션에 그치지 않고 인간들 간의 커뮤니케이션을 지원하는 사용법도 생각할 수 있다.

지각·제어

환경 및 상황을 센싱하여 자율제어하는 영역이다. 센서 정보를 활용한 자율주행은 바로 이 영역의 대표적인 예이다. 또한 에너지업계에서는 수요반응(Demand Response, DR)이라는 사고방식이 있으며, 전력 수요에 대응

그림 14 **커뮤니케이션 로봇 '소타(Sota)'**

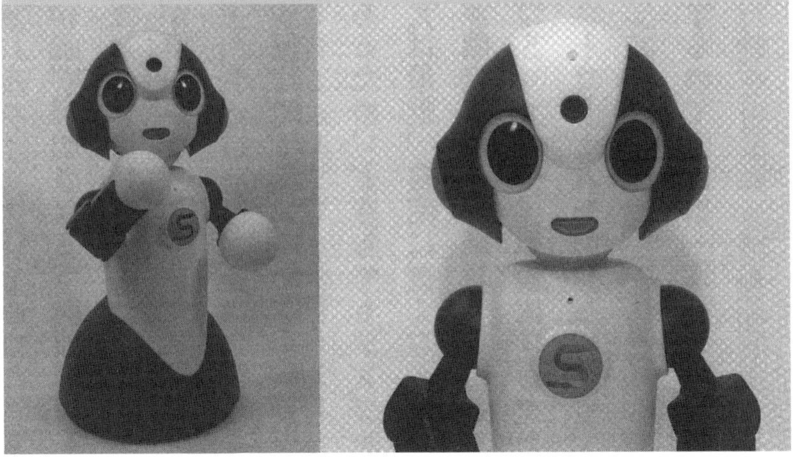

로봇 제공: 브이스톤주식회사, 사진: NTT데이터

하여 실시간으로 전기요금을 변경하는 실증 실험이 진행되고 있다. 전력이 부족한 경우에는 AI가 자동으로 전기요금을 높이고, 반대로 전력이 남아도는 경우에는 요금을 낮춰서 에너지 이용의 최적화 및 효율화를 도모하고 있다.

지식 발견 측면에서는 따로따로 존재하는 데이터를 한곳에 모아서 분석하면 인간이 인식하지 못했던 발견을 보다 쉽게 할 수 있는 경우가 있다. 예를 들어 생물 세계에서는 포유류의 암수 결정과 Y 염색체에 있는 몇몇 유전자의 움직임이 서로 관련돼 있는 것으로 밝혀졌지만, 유전자의 움직임에 영향을 미친 외적 조건은 명확하게 해명되지 않았다. 그런데 최근 소의 발정기를 예측하는 실험과 관련하여 마이크로소프트가 후지츠 연구팀과 공동으로 "수정 최적기 전반에 임신한 경우는 암소가 태어날 가능성이 높고,

후반에 임신한 경우에는 수소가 태어날 확률이 높다"는 새로운 지식을 대량의 데이터에서 추출했다. 이처럼 IoT로 정보를 수집하여 AI로 분석하면 이제까지 몰랐던 생물의 수수께끼가 해명될 가능성이 높아지고 있다. 이와 같은 흐름에 영향을 받아서인지 경제산업성도 AI와 바이오를 결합한 신산업 육성을 검토하고 있다. 향후 AI에 의해 생물의 수수께끼가 해명되고 의료 및 식량 생산 등으로 응용 분야가 확대될 것이다.

이상, 편의적으로 5가지 분야로 나눠 설명했지만 실제로 존재하는 AI 서비스를 이 기준으로 분류하면 여러 영역에 걸쳐 있는 경우도 많다. 예를 들어 최근 가정용 커뮤니케이션 로봇이 주목을 끌고 있다. 아마존이 개발한 AI 스피커 '에코(Echo)'가 유명하고, NTT데이터도 브이스톤(Vstone)의 소타(Sota) 및 그 외 로봇, IoT 기기를 연계시킨 서비스를 제공할 수 있는 플랫폼을 개발하고 있다. 이들 로봇은 사람과 대화를 한다는 점에서 '커뮤니케이션'으로 분류되지만 대화 도중에 사용자의 선호 및 기호를 분석한다면 '지식 발견·의사 결정'으로 분류될 수 있다. 사용자의 행동을 센서로 탐지해서 로봇의 팔을 움직이는 기능을 추가한다면 '지각·제어'로도 분류할 수 있다. 이처럼 복수 영역으로 분류할 수 있는 서비스는 다양하게 존재한다.

한편 한 영역에 속하는 기술을 여러 목적으로 사용하는 경우도 있다. 대표적인 예가 드론이다. 드론을 똑바로 비행시키려면 자세를 제어해야 하는데 여기에 AI가 활용된다. 그렇기 때문에 드론은 '지각·제어'로 분류될 수 있다. 이 드론에 센서를 부착하여 입수한 지형에 관한 데이터를 3D센싱 기술을 활용하여 매일매일 축적한다. 이렇게 수집한 데이터를 분석하면, 홍수로 어떠한 피해가 발생할 것인가, 지반 침하는 발생할 수 있는가 등 방재

대책에 도움을 줄 수 있다.

드론으로 물건을 운반하는 서비스 개발도 추진되고 있다. 국토가 넓은 미국 등에서는 드론에 의한 무인 택배 니즈가 상당하다. 화물이 떨어지면 위험하기 때문에 하천 위를 비행하는 등 선진국에서는 꽤 한정된 형태로 사용될 가능성도 있지만 강을 활용한 선박운송은 예전부터 있어 왔기 때문에 의외로 진입 장벽이 낮아질 수도 있다.

드론을 활용한 범죄자의 자동 추적도 생각해볼 수 있다. 거리에 설치된 카메라나 드론에 화상인식 기술로 범인의 얼굴을 인지시킨 센서를 탑재하여 자동으로 범죄자를 추적하는 것이다. 이 방법을 활용하면 하늘에는 장애물이 없으므로 인간의 추적보다 효과적으로 범인을 추적할 수 있다. 기술이라는 것은 아이디어 여하에 따라서 다양한 사용법이 가능하다. 실제로 비즈니스 최전선에서 AI가 어떻게 사용되고 있는지 다음 장부터 자세히 살펴보기로 하자.

3장

AI가 산업을 바꾼다

AI가 처음으로 도입된 곳은 금융업계 및 마케팅 분야였지만 앞으로는 제조업을 비롯한 다양한 업계로 확대돼 갈 것이다. AI가 다양한 분야와 연계되면 이전의 IT 활용과는 차원이 다른 매력적인 서비스가 생겨날 것이다. AI는 단순히 자동화를 통해 편리성이 향상되거나 비용이 절감되는 차원을 넘어 업계 재편 및 경쟁관계의 변화 등 전체 구조를 변화시킬 수 있는 파괴력을 지니고 있다. 이 책에서는 AI의 영향이 크게 미칠 업계를 중심으로 대표적인 AI 활용법에 대해서 해설한다.

금융업계: 거래 및 심사 분야의 AI화

알고리즘 거래

AI의 충격을 이른 시기부터 절감한 영역은 금융업계이다.

2010년 5월 6일 미국의 주식시장은 거래 종료를 20여 분 앞둔 시점에서 격렬하게 움직였다. 다우지수 평균값은 2008년 리먼쇼크를 웃도는 995.55달러의 하락폭을 보였고, 이후 불과 1분 반 만에 543달러나 급등했다. 하락폭이 컸던 P&G는 30분 만에 시가 총액 기준으로 5조 엔이 사라졌다. 다른 종목에서도 40달러의 주식이 수분 만에 1센트로 폭락하는 등 시장이 크게 요동쳤다.

'플래쉬 크래쉬(Flash Crash)'로 불리는 이상 사태를 유발한 것은 High Frequency Trading(HFT)라 불리는 알고리즘 거래라고 알려져 있다. HFT는 대규모 시스템과 AI를 사용하여 초고속으로 초고빈도 거래를 시행한다. 투자 판단이 알고리즘으로 진행되기 때문에 인간처럼 심리적인 영향을 받지 않고, 기계적으로 최적이라고 판단한 종목에 거액의 자금을 분산 발주한다. 주식시장과 가까운 곳에 시스템 및 최고 속도의 네트워크 장치를 설치하고, 주식시장의 마켓 정보를 수집한다. 매도 혹은 매수 주문을 내기까지 걸리는 시간은 불과 85나노초(나노초는 10억 분의 1초)까지 단축됐다.

HFT업체는 거의 대부분이 비상장이기 때문에 그 실태는 공개되고 있지 않다. 그러나 상장한 버추파이낸셜(Virtu Financial)의 보고에 따르면 HFT로 운용되는 1,238일 중 손실을 기록한 것은 단 하루였다고 한다. 즉, 99.9퍼센트의 승률을 달성했다. 다만 거래에 승리할 확률이 99.9퍼센트라는 의미는 아니다. 승률이 70퍼센트라고 해도 이길 때는 크게 이기고 질 때에는 작게 지면 평균하여 하루의 승률을 99.9퍼센트로 만들 수 있다. 이것은 고빈도 거래를 하기 때문에 가능한 업종으로 개인 투자자가 대응할 수 있는 세계가 아니다.

HFT업체가 '선제적으로' 매매하기 때문에 투자자가 고가로 매입해서 불이익을 본 사례도 보고되고 있다. 또한 트레이딩 알고리즘 프로그램에 오류가 있으면 오작동을 일으켜 시장에 큰 악영향을 미칠 수도 있다. 이러한 문제에 대처하기 위해 유럽연합(EU)에서는 HFT에 대해 매영업일 일정 시간대에 유동성 제공(현금화가 쉬운 상황 조성), 트레이딩 알고리즘에 오류가 혼합돼 있는가에 관한 검사 의무, 과도하게 작은 단위의 가격 책정 방지(소액 단위의 가격 변동에 따라 컴퓨터가 매매를 빈번하게 실행하는 것), 큰 변동이 발생할 경우 거래 정지 등의 규제를 가하고 있다. 미국은 HFT업체에게 등록을 의무화하고 있으며, 중국도 알고리즘 거래의 감시 강화에 착수했다. 일본에서도 금융청이 금융 심사회에서 선진국 사례를 참고로 HFT 규제를 검토하고 있다.

현재 총 거래의 절반에서 70퍼센트 정도가 HFT를 활용하여 이뤄진다고 알려져 있다. HFT 사용이 더 이상 강점이 될 수 없으며, 알고리즘의 우열이 승패를 가르는 시대가 됐다는 의견도 제시되고 있다.

로보어드바이저

개인 투자자에게 보다 친근한 것은 일반인이 알기 어려운 장소에서 활약하는 HFT보다는 미국에서 확대되고 있는 로보어드바이저(Robo-advisor)이다. 이전의 투자 자문가가 부유층을 대상으로 실시한 자산운용 자문을 웹사이트 및 AI를 활용하여 일반 고객에게도 저렴하게 제공하는 서비스이다.

미국의 공적 연금제도는 일본과 비교해서 범위가 한정적이기 때문에 개인이 별도로 저축 및 확정갹출제도를 이용해서 노후에 대비할 필요가 있다. 이 같은 배경에서 금융기관은 부유층을 대상으로 운용 자문 서비스를 유상으로 제공해왔다. 이 서비스가 AI로 보다 저렴하게 제공할 수 있게 돼서 일반 고객에게까지 확대되고 있다.

개인을 대상으로 하는 자산 운용 서비스 시장 규모는 약 65조 엔(2015년 시점)이며, 그 절반은 주식 및 투자신탁으로 운용되고 있다. 로보어드바이저는 이 거대한 시장을 타깃으로 하는 서비스로 웹상에서 리스크 자산에 대한 투자 비율, 투자 기간, 고객의 리스크 허용도 등을 묻고 적절한 투자처를 제안한다.

현재 미국에서는 신의성실의무(Fiduciary Duty)라는 용어가 주목받고 있다. 이것은 '수탁자 책임 혹은 신의성실의무'라고 번역되는 개념으로 '운용회사는 자산을 맡긴 사람의 이익이 최대화되도록 노력해야 하고, 이익에 반하는 행동을 해서는 안 된다'는 의미이다. 부유층만 특별하게 대우하지 않고 모든 고객을 평등하게 대하는 로보어드바이저는 신의성실의무와 잘 호응된다. 또한 로보어드바이저는 인간 자문가의 4분의 1 혹은 3분의 1가격으로 서비스를 제공할 수 있다. 이러한 서비스는 어설픈 인간 자문가보다도 좋은 성적을 낼 뿐만 아니라 유지보수(운용회사가 취하는 이익)는 0.25퍼센트 전후로 매우 낮다.

이러한 서비스를 제공하는 웰스프론트(Wealthfront)는 실리콘밸리에 설립된 작은 벤처기업이지만 2015년 말에는 20억 달러를 넘는 자산을 관리하는 단계까지 성장했다. 일본에서도 핀테크 벤처 외에 미즈호은행이나 미쓰비시UFJ국제투신 등이 로보어드바이저 서비스 사업에 진출했다.

소셜 렌딩

소셜 렌딩이란 크라우드 펀딩의 일종으로 돈을 빌리고 싶은 사람과 투자하고 싶은 사람을 인터넷상에서 연결해주는 금융 중개 서비스이다. 인터넷으로 전 세계에서 투자자를 모집할 뿐만 아니라 AI를 활용하여 신용 조사에 관한 높은 정확성과 저가격화를 실현했다. 리버럴(Liberal)사는 소셜 렌딩과 관련, 세계 상위 5개 회사의 취급 규모가 1조 달러(2014년)에 달한다고 추산했다. 또한 야노경제연구소에 의하면 일본의 시장 규모는 약 156억엔 규모(2014년)까지 성장했다.

미국 애틀란타에 본거지를 둔 핀테크 벤처회사 캐비지(Kabbage)는 융자 신청에서 심사 종료까지 최단 6분이 소요된다. 소셜 렌딩에서는 연봉이나 근무처 등 개인정보에 더해 페이스북 및 트위터 등의 SNS, 아마존이나 이베이 등의 EC사이트 구매 이력, 은행 구좌, 신용카드 결제 서비스, 회계 소프트 등 다양한 데이터를 수집하고 이를 심사 알고리즘으로 분석하여 신용 조사를 진행한다.

소셜 렌딩으로 돈을 빌리는 기업은 은행에서 융자를 거절당한 회사가 많다. 반대로 말하면 은행에서 돈을 빌리기가 어렵기 때문에 높은 금리로 소셜 펀딩에서 자금을 조달하는 것이다. 일반 은행에서는 인간이 심사하지만 소셜 펀딩에서는 AI가 심사하는 경우가 많다. AI라면 사람이 감당하기 힘든 많은 양을 심사할 수 있으며 방대한 데이터를 다면적 각도에서 조사할 수 있다. 이렇게 해서 일반 은행의 융자를 포기하는 기업 중 유망한 기업을 찾아내고, AI가 전자동 또는 고속 심사를 하여 많은 사람에게 저렴한 서비스를 제공하고 있다.

다만 2015년에 한 소셜 렌딩기업이 "고객의 투자 자금을 적절히 관리하지 못하고 있다"는 이유로 영업 정지 처분을 받았다. 신흥기업과 새로운 서비스 전반에도 해당하는 내용이지만 시스템이 취약하거나 법령이 확립돼 있지 않은 상황에서는 회색지대에서 비즈니스를 추진하는 경우도 많아 이러한 문제는 언제든지 발생할 수 있다. AI에 대한 불신감으로 이어지지 않도록 관리(Governance)를 강화하여 우려를 불식시키는 노력이 요구된다.

자동차 산업:
에코 시스템화와 이종 업종 간 연계 강화

자동차는 현재진행형으로 업계 재편과 맹렬한 기술 개발 경쟁이 진행중인 산업이다.

도요타자동차는 2016년에 다이하츠의 완전 자회사화 및 스즈키와의 제휴 등 연이어서 전략상 의미가 큰 의사 결정을 단행했다. 이러한 움직임에서 알 수 있는 것은 "지마에(모든 것을 자사가 수행하는-옮긴이) 주의로는 자율주행 및 환경대책 등의 차세대 기술을 둘러싼 개발 경쟁에서 이길 수 없다"는 각 사의 공통된 인식이다. 자동차회사의 R&D 투자는 일본 7개 대기업 합계로 2.8조 엔에 이른다. 여타 제조업과 비교해 상당한 거액이기 때문에 1개사 단독 투자 방식으로는 경쟁에서 이기기 어렵다.

지금까지 자동차 산업에서는 배기가스에 따른 환경대책 차원에서 하이브리드차 및 전기자동차를 비롯한 자동차의 근간과 관련된 연구 개발이 추진돼 왔다. 그러나 자율주행에 대한 기대는 이전과는 다른 차원에서 논의되고 있으며, 자동차가 아닌 여타 업종 기업의 진출이 가속화되고 있다. 자율주행 자동차를 일약 유명하게 만든 것은 구글이다. 구글은 2012년에 약 48만 킬로를 무사고로 자율주행에 성공하여 세계를 놀라게 했다. 구글은 2016년 4월 30일, 특이한 모습을 한 '자율주행 자동차(Self-Driving Car)〔제품이 아니며, 프로토타입(시제품)이다〕'를 개발하여 캘리포니아, 텍사스, 워싱턴, 애리조나의 특정지역에서 34대로 주행 실험을 반복하고 있다. 지금까지의 총주행거리는 150만 마일(240만 킬로미터)에 이른다고 한다.

도요타자동차의 도요타 사장은 자율주행 자동차의 안전성을 평가하려면 약 142억 킬로미터의 주행 실험이 필요하다는 의견을 피력한 적이 있다. 만약 도요타자동차가 판매중인 전 차량의 주행 데이터를 흡수하면 비교적 간단하게 이 수치를 달성할 수 있다. 반대로 다수의 차를 판매하고 있지 않는 IT기업에는 달성 불가능한 수치일 것이다.

그러나 구글은 실험에만 의존하지 않는다. 2015년 3월 TED 컨퍼런스에서 구글의 자율주행 개발 책임자인 크리스 엄슨(Chris Urmson)은 "컴퓨터

상에서도 시뮬레이션 주행을 실시하고 있으며, 매일 300만 마일(약 480만 킬로미터)을 주행하고 있다"고 밝혔다. 구글은 실제 자동차를 보유하지 않고도 IT로 도요타에 대항하고 있다.

이종 업종 간 연계의 가속화

테슬라모터스는 최신 소프트웨어를 배포하는 등 끊임없이 자사의 전기자동차를 업데이트하고 있다. 이처럼 자동차업계에서는 소프트웨어의 중요성이 높아지고 있지만 기존 자동차업계가 단독으로 소프트웨어를 개발하는 방식에는 한계가 있기 때문에 고속 연산처리장치를 갖춘 기업, 소프트웨어 개발기업 및 데이터 분석에 강한 기업과의 제휴가 추진되고 있다. 또한 새로운 서비스 제공을 위한 이종 업계 기업과의 제휴도 진행 중에 있다.

배차 서비스를 제공하는 우버는 스웨덴의 대표적 자동차 제조업체인 볼보와 자율주행 자동차 개발에 협력하는 한편, 스타트업회사 오토(Otto)를 인수합병했다. 오토는 구글, 애플, 테슬라에서 전직한 사원들이 세운 회사로, 기존에 판매 중인 트럭을 자율주행이 가능케 하는 센서와 소프트웨어를 개발하고 있다.

독일의 BMW그룹, 반도체 제조업체 인텔, 이스라엘의 모빌아이(Mobileye)도 제휴하고 있다. 모빌아이는 단안 카메라를 사용하여 데이터를 분석하고, 충돌사고 리스크를 경감하는 시스템을 개발하는 하이테크 벤처기업이다. 이 세 기업은 2021년까지 고도 운전지원 및 완전자율주행차를 상용화하겠다고 발표했다.

중국의 검색엔진 대기업 바이두(百度)도 미국의 그래픽칩 제조업체 엔비디아(NVIDIA)와 AI를 사용한 자율주행 플랫폼 개발을 위해 제휴중이다. 혼다와 구글도 자율주행 분야에서 협력한다는 뉴스도 보도됐다. 테슬라가 자율주행 자동차 시장에 진입하거나 파나소닉이 자율주행 시험 차량을 제작하는 등 실증실험도 활발히 진행중이다.

우버는 현재의 배차 서비스가 미래에는 자율주행으로 대체되리라 생각하고 있을 것이다. 현재는 '승객이 없는 자동차'와 '서비스를 이용하려는 사람'을 연결하고 있지만 미래에는 인간 대신 자율주행 자동차를 파견하는 형태를 추진할 것이다.

저속 자율주행은 실용단계에 접어들고 있으며, 다양한 실증실험도 진행되고 있다. 스위스의 국영우편회사 스위스포스트는 자국 내 3개 도시에서 자율주행을 통해 식료품이나 의료품을 배송하는 실험을 실시한다고 발표했다. 프랑스 리옹시는 자율주행하는 소형 버스에 승객을 태우는 실험운전을 진행하고 있다. 그 외에도 광산 및 공장 내 배송작업에 자율주행차가 이미 도입되고 있다.

미러리스(Mirrorless) 자동차

자동차의 AI화는 자율주행 기술 외의 측면에서도 발전하고 있다. 국토교통성은 2016년 6월부터 미러리스 자동차의 주행을 허용했다. 미러리스 자동차는 사이드미러나 백미러 대신 후방을 확인하는 카메라 모니터를 설치한 자동차다. 카메라 모니터가 탑재된다면 화상 데이터를 AI로 해석할 수 있기 때문에 카메라 화면에 다양한 정보를 더할 수 있게 된다. 예를 들어 후방 자동차가 멀리 있는지 가까이 있는지를 AI로 판단하고 거리에 따라 '녹색' 혹은 '적색'으로 자동차를 표시하여 나타내는 아이디어다.

사이드미러가 없으면 공기 저항이 줄어들어 연비가 향상된다. 주행 시에도 양 옆 폭에 여유가 생겨서 운전하기가 쉬워진다. 다만 현재(2016년 12월) 일본에는 미러리스 자동차가 판매되고 있지는 않다. 미러리스 자동차 내 카메라 모니터에 화면 표시가 지연되는 등의 기술적 문제와 카메라 및 시스템이 오작동할 경우의 대처 등 해결할 과제가 남아 있기 때문이다.

텔레매틱스(Telematics)

텔레매틱스라는 분야도 큰 관심을 받고 있다. 텔레매틱스는 센서를 장착한 자동차에서 주행거리나 기기의 가동상황 등 추출한 데이터를 클라우드(네트워크 기술을 활용하여 높은 기능성과 확장성을 갖춘 IT 자원을 활용하는 컴퓨터 방식-옮긴이)에서 분석한다. 인터넷으로 연결된 차라는 의미로 '커넥티드(Connected) 자동차'라고도 한다.

센서를 통해 수집된 데이터로 많은 정보를 파악할 수 있다. 예를 들어, 긴급 브레이크 시스템이 많이 작동하는 교차점은 사고 확률이 높은 위험한 장소라고 판단할 수 있으며, 와이퍼의 움직임을 분석하면 신속하고 정밀한 날씨 정보를 알 수 있다.

도요타의 T 커넥트라는 서비스는 자동차 길 안내 시스템에서 흡수한 정보로 자동차가 이동하는 속도를 분석하여 정체 정보를 제공한다. 고도의 AI를 도입하면 수 시간 후의 정체 상황 예측도 가능하다. 차재 네트워크(CAN)를 매개로 수집된 엑셀 및 핸들의 움직임을 분석하면 운전의 안전도를 측정할 수 있기 때문에 난폭한 운전자에게는 자동차 보험료를 높게 책정하는 등 여러 비즈니스를 생각해볼 수 있다. 자동차를 네트워크와 연결하기 위해서는 통신회사와의 연계가 반드시 필요하다. 그렇기 때문에 혼다는 소프트뱅크, 도요타는 KDDI, 덴소는 NTT도코모와 협력관계를 구축하고 있다.

또한 가솔린자동차에서 전기자동차로의 전환은 타업계로부터 진입을 촉진시키는 것으로 알려져 있다. 그러나 부가가치없이 진입하면 저가격 경쟁에 휘말릴 뿐이다. 장래에 걸쳐 높은 수익성을 확보하기 위해서는 AI를 활용하여 자동차의 부가가치를 늘리는 노력이 반드시 필요하다.

AI를 활용한 배차 서비스

또 하나 중요한 움직임은 우버가 시작한 배차 서비스의 확대이다.

우버는 정규 택시를 쉽게 이용하는 배차 앱과 더불어 일반인이 자신의 시간을 활용하여 자동차로 타인의 목적지까지 데려다주는 개인 택시라는 방식을 만든 것으로 유명하다. 또한 2014년부터는 우버풀(UberPool)이라는 합승 서비스를 시작했다. 목적지가 같은 사람들이 합승하여 이동하는 서비스로 저렴한 요금으로 이용할 수 있다. 즉, 택시로 이동 중에 모르는 사람과 합승해야 하지만 탑승객끼리 요금을 나눠내므로 요금은 낮아진다. 이 서비스는 현재 실리콘밸리를 비롯해 프랑스 등 세계 각국의 도시에서 추진되고 있다.

우버가 고도의 AI를 사용한다는 이미지가 강하지는 않지만, 사실 합승 서비스를 제공하기 위해서는 상당히 복잡한 AI가 필요하다. 우버풀은 수백, 수천의 이용자 중에 누구와 누구를 합승시킬 것인가, 어떠한 순서대로 태워 하차시킬 것인가를 효율적이고 신속하게 도출해야 한다. 최적 경로를 신속하게 계산해야 하고, 혼잡상황을 고려하여 계산할 필요가 있으며 게다가 혼잡상황은 실시간으로 변화한다. 이러한 상황에서 최적화를 인간이 실현하기에는 지극히 어려운 작업으로 AI 활용 없이는 불가능하다.

그림 15 **우버의 앱**

사진: 오가타 후미시게

우버 창업자 중 한 명인 트래비스 캘러닉(Travis Kalanick)에 의하면, 우버풀을 도입함으로써 로스앤젤레스에서는 도입 8개월 만에 1,260만 킬로미터의 자동차 이동을 삭감했다고 한다. 샌프란시스코 시가지에서도 교통량이 줄고 적은 수의 자동차로 보다 많은 사람을 운송할 수 있게 됐다. 우버의 방식은 전 세계 지역의 교통 문제 해결에도 긍정적인 영향을 미치고 있다.

도요타는 우버와 연계하여 공공도로에서의 자율주행 실험을 추진하고 있다. GM은 2016년에 우버의 라이벌인 리프트(Lyft)에 5억 달러, 폭스바겐은 같은 배차 서비스를 제공하는 이스라엘의 신흥기업 겟(Gett)에 투자했다. 애플은 중국 최대 배차 서비스 '디디추싱(滴滴出行)'에 10억 달러를 투자했다. 이처럼 대기업과 신흥기업의 제휴도 가속화되고 있어 향후 어떠한 형태로 발전해 나갈 것인가가 주목된다.

제조업: 공장, 창고 등의 운용방식 변화

제조와 관련하여 가장 주목받는 키워드는 독일정부가 산학관 협력을 통해 추진하고 있는 인더스트리 4.0이다. 이것은 다양한 종류의 제조기기를 IT 활용을 통해 범용화하고 자율성을 높여서 생산 공정을 최적화하려는 시도다. 또한 제조기기를 인터넷에 연결시키고 사용단계 서비스(실시간 고장 여부 확인 및 적시 소모품 공급 등)와의 연계 강화까지도 시야에 넣은 장대한 구상이기도 하다. 이러한 독일의 움직임에 영향을 받아 전 세계적으로 비슷한 방식이 시도되기 시작했다. 미국에서는 제너럴 일렉트릭(GE) 등의 기업 연합이 추진하는 인더스트리얼 인터넷 컨소시엄(IIC), 일본기계학회 생산 시스템 부문의 '연결되는 공장' 분과회를 모체로 하는 인더스트리얼 밸류체인 이니셔티브(IVI), 중국정부가 주도하는 '중국 제조 2025' 등이 대표적이다.

특히 중국은 독일 및 미국의 20배에 가까운 7,500억 엔 규모의 펀드를 설립했다. 일본은 로봇 출하대수로는 2013년에, 가동대수로는 2016년에 중국에 뒤처졌다. 이처럼 급성장하는 중국기업에 인더스트리 4.0방식의 기기 판매는 독일 기업에게 큰 비즈니스 기회가 된다. 독일이 인더스트리 4.0을 시작한 배경에는 이러한 중국의 발전 및 세계화 경쟁에서 살아남기 위한 의도가 있다고 이해된다.

향후 제조업에서는 다품종 소량 생산이 중요시될 것이다. 다양한 제품을 고효율로 생산하게 되면 고객의 섬세한 니즈에 적절하게 대응할 수 있고 이전에는 1건당 주문 수가 적어서 곤란했던 주문에도 대응할 수 있다. 다품종 소량 생산을 실현하기 위해서는 생산 라인의 최적화가 관건이다. 다양한 고객으로부터 요청받은 소량주문을 효율적으로 처리하려면 AI에 의해 최적화된 생산 계획이 필요하다. 또한 AI를 활용하여 로봇 자체를 지능화하면 동일 라인에서 제품의 작은 차이에 대응할 수 있다.

각 제조기기를 네트워크화하여 연결한다면 전체의 최적화도 실현하기 쉬워진다. 이전에는 제조업체와 디바이스가 다르면 제조기기가 연계되지 못하는 것이 당연시됐다. 이것이 개선돼서 제조업체나 디바이스를 불문하고 데이터 연계가 가능해지면 공장 전체의 생산성은 크게 향상된다. 로봇이 범용성을 갖게 된다면 세계 각국의 공장에 동일한 기기를 도입하여 비용 절감을 실현하면서 각국의 니즈에 맞는 다양한 제품을 제조할 수 있게 된다. 공장에 로봇을 도입하는 경향은 이전부터 있었다. 그러나 최근에는 센서 및 AI를 활용하여 이전과는 다른 콘셉트를 가진 로봇이 등장하고 있다. 그 하나가 인간과 같은 공간에서 일하는 '협동형 로봇'이다.

학습하는 생산 로봇

얼마 전 미국에서 등장해 화제된 것이 리싱크 로보틱스(Rethink Robotics)의 '백스터(Baxter)'라 불리는 생산 지원 로봇이다. 리싱크 로보틱스를 설립한 이는 로봇 청소기 '룸바(Roomba)' 개발로 유명한 로드니 브룩스였다.

백스터는 인간의 모습을 한 로봇으로 얼굴 부분이 태블릿으로 돼 있다.

동작에 실패하면 태블릿 화면에 곤란한 표정을 표시하며 애교도 부린다. 인간의 모습을 한 이유는 인간과 동일한 생산 라인에서 일함으로써 인간과의 협동(인간과 협력해서 일하는)이 고려됐기 때문이다. 백스터에는 초음파 센서가 탑재돼 가까이 있는 사람을 감지하고 부딪치지 않도록 천천히 움직인다. 이처럼 안전성도 생각했기 때문에 인간이 일하고 있는 생산 라인을 변경하지 않고 로봇을 배치할 수 있다.

백스터의 최대 특징은 다이렉트 티칭 기능이 가능하다는 점이다. 이전의 로봇처럼 시키고 싶은 일에 맞게 프로그램을 매번 새롭게 개발할 필요 없이 인간이 로봇의 손을 움직이면서 "이 부품을 들어올려 저기로 옮긴다"라고 알려주면 1시간 후부터는 로봇이 스스로 움직이기 시작한다. 백스터에는 다이렉트 티칭 및 부품을 식별하는 화상인식 등 AI기술이 다수 사용됐다. 백스터의 가격은 200만 엔 전후이며 로봇이기 때문에 24시간 일할 수 있다. 아직 동작 속도가 빠르지는 않지만 AI기술의 급속한 발전 속도를 생각하면 10년 후에는 우수한 지원 로봇으로 공장에 배치될 가능성이 크다.

스스로 시행착오를 거듭해서 성공 및 실패의 경험을 바탕으로 올바른 동작을 배우는 로봇도 연구되고 있다. 화낙(Fanuc)은 고도의 기계학습을 사용하는 것으로 유명한 벤처기업 PFN(Preferred Networks)과 제휴하여 피킹작업(Picking, 상자에서 부품을 들어내는 작업)의 자동화에 집중하고 있다. 우선 부품이 무작위로 들어간 사각형 모양의 상자를 준비한다. 로봇은 화상인식을 통해 들어내기 쉬운 부품을 스스로 특정한다. 그리고 로봇의 팔로 능숙하게 부품을 들어낸다. AI를 이용하여 이러한 일련의 작업을 자동화하는 데 성공했다.

이러한 시도에는 강화학습이 활용되고 있다. 로봇에게 부품을 들어내는 작업을 시키면 가끔은 성공한다. 성공하면 보상을 주고 실패하면 벌칙을 주면서 수만 번 넘게 물건을 잡는 작업을 반복시키면 점차 요령을 익히게 되고 피킹작업을 잘해내게 된다. 화낙은 이 로봇을 2015년 국제 로봇전에서 선보여 큰 주목을 받았다.

창고 시스템의 AI화

공장뿐만 아니라 창고에서도 AI의 도입이 진전되고 있다.

아마존은 2012년에 키바 시스템(Kiva System)이라는 로봇 물류 시스템 기업을 매수했다. 매수 후 2년이 지난 시점에서 아마존은 자사의 최신 창고 시스템을 공표했다. 공표된 시스템은 이전의 자동식 창고와는 완전히 다른 모습이었기 때문에 그 영상을 보고 많이 사람들이 압도됐다.

이전의 자동식 창고는 크레인 팔이 상품이 놓인 선반이 있는 곳까지 이동하여 상품을 꺼내는 방식이 많았다. 그런데 키바 시스템 방식은 로봇이 선반을 들어올려 작업자가 있는 곳까지 운반해준다. 작업자는 움직일 필요가 없으며 단지 로봇이 운반해온 선반에서 상품을 들어내기만 하면 작업은 종료된다.

주문이 많은 상품의 선반은 작업자 근처에, 그렇지 않은 선반은 먼 곳에 배치하는 등 자동으로 최적화돼 있기 때문에 로봇의 움직임에 비효율이 거의 없다. 모든 선반을 동시에 움직일 수 있기 때문에 제한된 수의 크레인을 활용한 방식과 비교해 작업효율도 한층 향상됐다. 상품을 꺼내는 작업을 로봇이 완전히 수행할 수 있다면 창고의 공조 및 조명도 불필요해지기 때문에 의외의 면에서도 비용이 절감된다. 이로 인해 아마존은 창고 운영비를 20퍼센트 절감할 수 있었다고 한다.

이러한 시스템의 등장은 물류현장을 크게 변화시킬 것이다. 제조현장과 같이 물류현장도 고정형 작업에만 한정되던 자동화 시스템에서 AI를 활용한 유연성이 높은 구조로 진화하고 있다.

상태 기준 정비

필자들은 2016년 6월에 인더스트리 4.0 동향 조사를 위해 독일을 시찰한 적이 있다. 독일을 방문한 일본인이 실제로 공장을 견학해보면 '새로운 시도가 이뤄지는 속도도 그렇게 대단하지 않고, 오히려 일본이 보다 앞서 있다'고 느끼는 경우가 많은 듯하다.

그러나 인더스트리 4.0의 영향은 단순한 생산성 향상에 국한되지 않는다. 그 본질은 제조현장의 개선이 아니라 제조업을 서비스화하는 것에 있다. 즉, 인더스트리 4.0에서는 물건을 판매하고 끝내는 비즈니스 모델에서 탈피하여 판매한 제품에 부가가치를 더해 매출을 향상시키는 것이 본래의 의도이다. 실제로 기계 및 제품에 센서를 부착하여 정보를 네트워크로 주고받는 것이 가능해지면 이전의 모노즈쿠리(ものの造り, 일본식 장인정신-옮긴이)와는 전혀 다른 새로운 서비스가 가능해진다. 그 하나가 '상태 기준 정비(Condition Based Maintenance, CBM)'로 불리는 보수점검 서비스다.

기계설비 유지는 통상적으로 정기적으로 실시한다. 예를 들어 자동차 점검도 정기적으로 실시된다. 이것은 시간을 기준으로 한 시간 기준 정비(TBM)라 불리는 접근방식이다. 그러나 자동차 이용법은 사람마다 다르고 거리를 어느 정도 운전했는가에 따라 자동차의 상태는 달라진다. 많이 사용하여 열화됐다면 조기에 점검해야 하며, 그다지 사용하지 않았다면 점검 시기를 조금 늦춰도 된다. 대상물의 상태에 맞춰 정비하려는 것이 CBM의 접근방식이다. 구체적으로는 기계설비 및 자동차에 센서를 부착하여 어느 정도 사용했는지 혹은 고장나지는 않았는지 등의 상태를 확인하고 적절한 시기에 부품 교환과 보수를 실시한다. 데이터를 통해 상태를 판단하거나 고장을 예지하는 경우에 AI가 활용된다.

기계의 현 상황을 네트워크를 거쳐 정비회사와 공유하게 되면 실시간으로 기계의 상태를 관리받을 수 있다. 고장날 징조를 사전에 발견할 확률도 높아진다. 작업자가 현장에 이동하는 시간에 원격작업으로 보수할 곳의 특정 및 작업수순의 명확화가 이루어진다면 작업자는 현장에 도착하자마자 작업에 임할 수 있다. 고장난 곳의 특정화 및 작업수순의 명확화는 AI의 지원을 받으면서 진행하는 것도 가능하다. AI에 의한 원격 및 실시간 보수를 통해 고장나기 전에 부품을 교환한다면 기계의 가동률 및 안전성의 향상, 그리고 비용 절감이 가능해진다. 이들은 AI에 의해 일의 질이 변화하는 대표적인 예라고 할 수 있다.

이러한 CBM 서비스는 독일의 엘리베이터 회사인 티센그루프(ThyssenKrupp AG) 등에서 이미 실시되고 있다. 티센그루프와 같이 센서 정보를 활용하여 정비작업을 효율화하는 사례는 증가하고 있지만, 이미 보수 및 정비 등 사후관리 서비스로 정평이 나 있는 일본 제조업체 입장에서 보면 '센서와 AI를 도입했지만 그다지 높은 서비스 품질에 도달하지 못했다'고 생각할 수도 있다. 그러나 AI에 따른 정비작업의 효율화 움직임은 국민성 및 근면성으로 사후관리 서비스에서 차별화를 도모해온 일본에게는 향후 큰 위협이 될 수 있다. 근면성이 부족한 해외기업이 AI를 도입하는 것과 국민성으로 높은 품질을 유지해온 일본기업이 AI를 도입하는 것은 영향의 정도부터 차이가 있다.

단순 업무를 센서와 AI로 자동화한다는 생각도 중요하다. 보수운용 업무는 단순작업을 착실히 빠짐없이 실시해야 한다. 제대로 일을 해도 칭찬받기 어렵고 고장나면 책임을 추궁당한다. 끝없이 비용 절감의 대상이 되고 인원 보충도 어렵다. AI 활용은 인간을 단순작업에서 탈피시켜 부가가치를 추구하는 작업으로 전환하는 방법이기도 하다.

디지털 트윈

GE는 디지털 트윈이라는 개념을 제창하고 있다. 이는 실제와 가상을 연동시키려는 시도로 현실세계에서 일어나는 현상을 가상공간에 투영시키는 것이다. 이전에는 충돌실험 및 내구 테스트를 효율적으로 실시하기 위해 신품을 상정한 모델을 작성하고 시뮬레이션을 실시했다. 그러나 디지털 트윈기술을 활용하여 센서로 수집한 가동률 등의 정보로 사용상황과 열화를 반영한 시뮬레이션 작업을 통해 출하 전뿐만 아니라 출하 후에도 고정밀도 예측이 가능하다.

GE는 항공기 엔진에 디지털 트윈 기술을 적용하여 운용 비용을 크게 삭감하는 데 성공했다. 디지털 트윈은 제품뿐만 아니라 발전소와 같은 대규모 시스템에도 적용할 수 있다.

데이터 분석으로 신서비스를 창출하다

센서 정보를 활용한 고부가가치 제공으로 유명한 기업은 고마쓰(Komatsu)다. 이 회사의 콤트랙스(KOMTRAX)로 불리는 기계 가동 관리 시스템은 어느 기계가 어디에 있는지 그리고 엔진은 가동 중인지 멈춰 있는지, 연료의 잔량, 가동한 시간 등 상세정보 모두를 사무실에서 파악할 수 있다. 이 시스템은 GPS 정보도 참조할 수 있기 때문에 도난 방지 및 산속에서 건설기계가 고장난 경우에 출동시간 단축에도 활용할 수 있다. 연비에 악영향을 주는 조작을 AI로 분석하게 되면, 효율이 높은 조작방법을 가르쳐주는 서비스 제공도 가능하다. 코마츠는 건설기계의 가동상황을 분석하여 그 지역의 경기 변동까지 파악할 수 있다고 한다. 이처럼 제조업에서도 어떻게 정보를 활용하느냐가 중시되는 시대가 다가오고 있다.

농업: 정밀농업의 실현을 위해

농업 분야에서도 다양한 형태로 AI 활용이 시도되고 있다. 구보타, 얀마, 이세키노끼 세 기업이 AI로 자율주행이 가능한 트랙터를 개발 중이다. 일본정부는 농기계의 자율주행 시스템과 원격 감시에 의한 무인 시스템 등을 통해 2020년까지 무인농업의 실용화를 목표로 삼고 있다. 같은 해에 개최가 예정된 로봇올림픽 '로봇 국제경기대회'에서 농기계의 무인 운전기술이 경기종목에 포함되도록 검토작업도 진행중이다.

농지 면적이 넓은 미국에서는 상공에 드론을 띄워 하늘에서 촬영한 화상이나 위성화상을 AI로 해석하여 작물의 육성상황을 파악하고, 비료가 부족한 장소를 특정하는 작업이 시도되고 있다. 1픽셀당 5센티미터의 정밀한 고해상도 화상 데이터를 해석하고, 해석 결과를 트랙터에 제공하면 생육상황을 고려하여 비료의 자동 살포가 가능해진다.

스탠포드 대학 졸업생이 세운 벤처기업 블루리버 테크놀로지(Blue River Technology)는 AI를 활용하여 잡초와 작물을 자동 판별하고 제초제의 살포를 최소한으로 억제하는 기술을 개발했다. 이 기술은 1분에 싹 5,000개를 촬영하여 재배 작물의 싹인지 잡초인지를 AI로 식별한다. 또한 펜실베이니아 대학에서는 대량의 화상 데이터를 AI에게 학습시켜 병든 식물을 99.53퍼센트라는 높은 확률로 판정할 수 있는 기술을 개발했다.

토양 센서를 사용하면 토양 성분의 상세한 정보를 수집할 수 있다. 소프트뱅크 그룹의 PS 솔루션(PS Solutions Corp.)은 히타치제작소와 'e-kakashi'라는 서비스를 공동 개발하고 있다. 이 서비스를 이용하면 농지에 센서를 설치하고 온도, 습도, 일사량, 토양 내의 습도 및 수분량, 이산화탄소 등의 환경정보를 수집할 수 있다. 무선으로 부속 장치에서 수집한 데이터를 클라우드에 전송하면 분석작업이 실시돼 재배에 도움이 되는 정보가 스마트폰과 PC로 제공된다. 부속장치는 전원을 사용하지 않는 전지(電池)식이며, 방진방수(먼지와 물의 침입을 방지-옮긴이) 방식이기 때문에 장소에 구애받지 않고 설치할 수 있다.

앞으로는 드론이나 토양센서에 의한 데이터 수집, AI에 의한 성장 예측과 농약 살포의 최적화, 분석 결과를 기초로 한 농업기계의 자동조작 등이 연계될 것이다. 모든 기능이 연계되면 이른바 정밀농업[4]도 머지않아 실현될 것이다.

농업 보험 및 지원 시스템

농약 및 종자 분야 세계 최대 기업 몬산토(Monsanto)는 유전자 변형 작

---

4 센서 등으로 농지, 농작물의 상태를 관찰하고 과학적인 이해를 기초로 의사 결정하는 농업 관리 수법.

물 등의 바이오기술뿐만 아니라 AI를 활용한 서비스도 적극 추진하고 있다. 몬산토는 2013년에 구글 출신자들이 창업한 농업정보 벤처회사 클라이밋 코퍼레이션(Climate Corporation)을 매수했다. 이 회사는 기후 및 토양에 관한 빅데이터 분석 역량을 보유하고 있다.

미국에서는 최근 가뭄 피해가 심각해지고 있다. 캘리포니아 대학의 조사에 따르면 손실 규모가 2014년에 22.0억 달러, 2015년에는 27.4억 달러에 이른다고 한다. 최근에는 이러한 손해에 대비한 농업 보험이 주목받고 있다. 몬산토가 매수한 클라이밋도 농업 관련 보험 서비스를 제공 중이며, 함께 제공하는 종합 날씨 보험(Total Weather Insurance)은 기상 데이터 및 토양 관찰 데이터를 해석하여 시뮬레이션을 실시하면서 보험의 가격 설정 및 리스크를 분석하는 방식이다. 그 결과를 토대로 지역과 작물에 최적화된 보험 서비스를 생산자에게 제공할 수 있다. 2015년부터는 위성 사진을 해석하여 작물의 성장 정도를 색깔로 표시한 화면, 적절한 비료의 투입 시기, 씨 뿌리기 및 수확 시기의 판단에 도움을 주는 정보 등을 제공하는 서비스도 시작했다.

식물 공장

날씨에 좌우되지 않고 농작물을 재배할 수 있는 식물 공장에서도 AI가 활용되고 있다. 일본에서는 고령자가 농업을 지탱하기 때문에 후계자 확보가 어렵고, 이 문제를 방치하면 노하우의 계승이 끊어질 수 있다는 우려가 커지고 있다. 이러한 문제를 해결하는 방안 중 하나가 노하우를 데이터베이스화하여 축적해두는 것이다. 농업에 종사하는 사람은 생육상황을 일일이 확인하면서 시들면 물을 많이 주고, 비료를 쳐서 미세 조정한다. 눈으로 보고 대처하는 이러한 전통방식에서 온도, 습도, 이산화탄소, 수분, 광량 등 다양한 데이터를 활용하여 하나하나 최적 상태를 조성하는 단품 관리 방식으로 변화가 추진되고 있다. 식물 공장은 흔히 고비용이 문제로 지적된다. 식물을 키우는 데에는 빛이 필요한데, 인공 빛을 사용하면 전기료가 비용의 많은 부분을 차지하게 된다. 이것은 AI로 최적화를 실현할 수 있는 부분이다. 현재 태양광 발전 패널은 고정시켜 설치하는 방식이지만, AI를 활용하여 제어한 태양광의 각도에 맞춰 패널을 움직여서 최대 출력을 얻는 방법도 가능하다.

일본에서는 그다지 실감하기 어렵지만, 세계적으로는 물 부족이 우려되고 있으며, 위기상황에 처해 있는 국가도 많다. 전 세계 물의 70퍼센트는 농업에서 소비된다. 따라서 인간이 마실 물을 늘리려면 농업부분의 물 사용을 줄이는 것도 하나의 방법이다. 예를 들어 흙 내 수분량을 측정하여 뿌리에 직접 물을 공급하거나, 링거처럼 한 방울씩 떨어뜨리는 특수 제어를 통해 물 공급을 최적화하는 방법도 있다. 이러한 농업이 실현되면 물 부족과 식량 부족의 두 가지 문제를 동시에 해결할 수 있다.

세계적 식량 문제 해결

세계경제포럼에 따르면 전 세계 인구는 2050년까지 90억 명에 달할 것이라고 한다. 이로 인한 식량 수요는 현재보다 60퍼센트 이상 증가할 것이다. 지구온난화에 의한 기상 변동으로 세계는 가뭄이나 홍수 등의 피해가 심각해지고, 농작물 생산에 필요한 토지 확보가 어려워지는 상황도 우려된다. 이대로 시간이 흘러간다면 나중에는 세계 인구의 절반에 해당하는 식량밖에 확보할 수 없다는 비관적인 견해가 있다. 반면 전 인류가 생존에 필요한 식량을 확보할 수는 있지만 가격이 급등하여 최빈곤층에는 식량이 제대로 공급되지 못할 것이라는 주장도 있다. 어느 시나리오가 맞을지는 알 수 없지만 식량은 인간의 일상생활에서 근간을 이루는 중요한 부분이므로 많은 기업이 이 문제 해결을 위해 노력하고 있다.

구글은 농업 기술 분야에서의 이노베이션을 촉진하기 위해 '팜 2050'이라는 이니셔티브(문제 해결을 위한 새로운 시도)를 내걸었다. 구글 외에도 벤처캐피털, 화학제조업체 듀폰, 농업기계 제조업체 Agco 등이 참가했다. 이 이니셔티브로 식량 위기라는 글로벌 과제를 해결하려고 노력하는 스타트업을 자금과 기술적인 측면에서 지원하고 있다. '팜 2050'과 유사한 시도는 이외에도 있다. 농업기술 벤처 전문으로 자금을 지원하는 벤처캐피털이 등장했으며, 2013년에는 농업에 특화한 클라우드 펀딩 플랫폼 '애그펀더(Agfunder)'가 개설됐다.

농업 문제는 AI 기술만으로는 해결할 수 없다. 그렇기 때문에 IT 업계의 거인 구글은 자신이 이노베이션을 일으키지 않고, 이니셔티브 설립을 통해 문제 해결을 시도하고 있다. AI는 다양한 기기 및 서비스와의 연계를 통해 힘을 발휘한다. 앞으로는 특히 품종 개량 및 농업의 자동화 분야에서 AI 활용이 두드러질 것이다.

의료: 진단, 유전자 해석 그리고 신약 개발의 진화

AI의 도입이 비교적 용이한 영역으로 대량의 데이터가 갖추어져 있는 의료 분야가 거론된다. 의학 지식은 지수함수적으로 증가하고 있으며 의사한 개인이 파악할 수 있는 한계를 넘어서고 있다. 이 문제에 대응하기 위해 이제까지는 '내과 전문의' '외과 전문의'라는 식으로 분야를 전문화하여 의사 한 사람이 기억할 수 있는 지식의 양을 줄여왔다. 그러나 이러한 방식도 한계가 있기 때문에 최근에는 의사를 지원하는 AI가 도입되기 시작했다. 한 예가 의사의 진단 오류를 막기 위한 AI 의료 진단 시스템 '화이트 잭(White Jack)'이다. 자치의과 대학과 LSI 메디엔스 및 의료기기 제조업체인 도시바 메디컬 시스템 등 5개사가 공동 개발한 시스템이다.

환자는 진단을 받기 전에 로봇의 지시에 따라 증상 및 발병 시기 등을 입력한다. 8,000만 건의 진단 및 치료 데이터가 수집돼 있는 의료 데이터 뱅크에 접근하여 AI가 진단 이력을 기초로 분석한 질환명과 발병 확률 그리고 필요한 검사법 등을 예측한다. 그 후 의사가 실제로 문진하여 정보를 추가 입력하면 AI가 다시 질환명 및 발병 확률을 분석한다. 이렇게 해서 얻은 정밀한 정보를 활용하여 의사는 진단을 내린다.

의사는 객관적인 데이터를 참고하여 주관에만 의존하지 않는 진료를 한다. 또한 이제까지 진단 사례가 없는 질병 및 희소한 질병에 대해서도 진료 정보를 제공받는다. 이로써 오진이 줄어들고 진단 정확도가 높아져 의사 간 진단 능력 편차도 줄어들 것으로 기대된다.

AI를 이용한 진단 및 병세 예측

AI는 화상 진단에도 활용되고 있다. 샌프란시스코 스타트업인 엔리틱(Enlitic)은 딥러닝을 폐암의 검출에 이용하고 있다. 엔리틱의 시스템은 렌트겐 사진, CT 스캔, 초음파 검사, MRI 등의 화상 데이터로부터 악성종양을 검출한다. 현재의 렌트겐 사진의 해상도로는 악성종양이 작은 그늘처럼

만 보이기 때문에 화상자료로 악성종양을 판단하기는 무척 어렵다. 하지만 이 시스템은 방사선과 전문의보다도 50퍼센트 이상 높은 정확도로 암을 검출할 수 있다. 이처럼 정확도가 높고 처리가 빠른 시스템을 활용하면 환자 1명을 진단하는 시간이 10~20분으로 단축되고, 리포트 작성에 10분여를 소비하는 CT 스캔시간은 절반으로 줄어든다. 2015년에는 호주 의료 화상 진단 서비스회사가 엔리틱의 시스템을 채택했다.

일본 내에서만 연간 16,000톤에 달하는 의료기기가 폐기되고 있어 문제가 되고 있다. 본래는 의료기기를 재활용하여 지방의 병원 및 의료기기가 부족한 신흥국에서 활용돼야 하지만 현실은 전혀 그렇지 못하다. 한편 의료기기로 계측된 데이터도 의료기기와 유사하게 버려지고 있다.

NTT데이터는 자회사인 스페인의 에버리스(Everes)와 집중치료실(ICU)의 디바이스로 계측한 데이터를 활용하는 시스템을 개발했다. 스페인의 벨헨델로시오(Virgen del Rocio) 대학병원에서 실시된 실증실험에서는 3개의 ICU 유닛에 있는 19병상에 설치된 의료 모니터, 인공호흡기, 수액 펌프 등 총 156개의 디바이스에서 데이터를 수집하고 있다. 그중에는 1초당 1,000건의 데이터를 생성하는 디바이스도 있고, 하루에 최대 약 4,100만 건의 측정치를 기록한 날도 있다. 이렇게 측정한 데이터를 분석하여 치명적인 3대 합병증인 '폐혈증 쇼크' '급격한 혈압 저하' 및 '저탄소혈증'으로 병세가 급변하기 2시간 전에 85퍼센트의 정확도로 예측하는 AI를 개발했다. NTT데이터는 급변 예측 시스템을 활용하여 환자 사망률을 25퍼센트 낮추기 위한 실증실험을 추진 중이다.

유전자 해석

노벨상 수상자 야마다 교수가 이끄는 교토 대학의 iPS 세포연구소는 도쿄 대학에서 만들어진 AI 벤처 PFI(Preferred Infrastructure)와 연계하여 iPS 세포를 통해 원하는 세포를 만드는 연구를 추진하고 있다. 이제까지는 인간이 여러 조건을 설정하고 시행착오를 거듭하면서 실험이 성공적으로 진행 중인지 하나씩 확인하는 방식의 연구를 수행해왔다. 이에 대한 대안으로 교토 대학과 PFI가 고안해낸 것이 "iPS 세포를 배양할 때의 습도 및 물질 등의 조건"과 "어느 유전자가 반응했고, 어느 세포가 변화했는지에 관한 실험 결과"를 AI가 분석하도록 하는 방법이다. 이를 통해 원하는 세포를 만들기 위한 최적의 조건을 AI에게 예측시키는 것이다. 방대한 정보를 처리할 수 있는 AI를 통해 연구자가 착안하지 못했던 관계성이 발견될 것으로 기대된다.

AI의 성능을 확인하기 위해 시험 삼아 암 세포에서 기능하는 유전자와 항암제 관련 데이터를 학습시킨 결과, 어느 암에 어느 항암제가 효과가 있는지 높은 정밀도로 예측할 수 있게 됐다. AI로 예측하고 예측 결과를 연구자가 실험을 통해 확인하는 방식을 채택하면 연구에 소요되는 시간이 줄어들기 때문에 재생 의료 분야의 발전도 기대된다.

신약 개발

의약품업계에서 신약의 승인 건수가 매년 감소하고 있다. 이전의 화학합성 접근법으로 개발된 저분자 의약품 분야에서 유력한 화합물이 나오기 어려운 상황에 더해, 각국의 승인 기준이 더욱 엄격해져서 신약 개발의 장애요인이 빠르게 강화되고 있다. 이를 감안하여 바이오테크놀로지에 의해 개발된 바이오 의약품으로 전환하고 있지만 저분자 약품보다 매우 복잡한 구조의 바이오 의약품은 개발 난도가 높다는 문제가 있다. 바이오 의약품 분야에서의 신약 개발은 성공할 확률이 낮아 점포에서 쉽게 구입할 수 있는 약이라 해도 개발 기간은 9~17년, 비용은 200억~300억 엔에 이른다. 신약이 만들어질 확률은 3만 분의 1정도에 불과하기 때문에 성공하기 위해서는 거액의 투자가 필요하다. 매출이 정체된 히트 약품의 특허종료가 가까워지는데 차세대 신약 후보가 마땅치 않아 골치를 앓는 의약품 제조업체도 적지 않다. 이 때문에 AI를 활용한 신약 개발에 대한 기대가 높아지고 있다.

도쿄 대학 첨단과학기술연구센터, 후지쓰(富士通) 및 고와(興和)기업은 AI를 활용한 신약 개발을 공동으로 추진하고 있다. 후지쓰가 슈퍼컴퓨터를 활용하여 신약 후보의 화합물 구조를 설계하고, 고와가 이를 기초로 화합물을 합성하고 효능을 검증한다. 이 실험 결과를 참고로 도쿄 대학이 설계방법을 개량하여 신약개발의 성공 확률을 높이고 있다.

바이오 벤처 몰큐어(Molcure)는 항암제 개발을 지원하는 '앱트레이서(Abtracer)'라는 서비스를 제공하고 있다. 몰큐어는 유전 정보를 고속으로 읽어내는 '차세대 시퀀서(Sequencer)'와 AI를 결합하여 이전보다 10배 속도와 성공률로 항체를 특정한다. 또한 항체와 목표 단백질의 결합 강도 및 항체의 아미노산 배열을 AI로 해석해서 신약 개발과정의 효율성을 높이고 있다. 이 같은 방식의 장점은 과거 항체실험으로 수집한 빅데이터를 활용할 뿐만 아니라, AI 부분은 특수 알고리즘이 아닌 기존 도구를 조합했다는 점이다. AI라고 하면 알고리즘에 주목하기 쉽지만 이 사례는 알고리즘 못지않게 데이터도 매우 중요하다는 것을 명확히 보여준다.

게놈 편집과 불로장생을 향한 도전

1990년 미국 에너지청과 후생청에 의해 시작된 인간 게놈 계획은 13년간 3,000억 엔이 투입됐고, 사람 유전자의 99퍼센트를 99.99퍼센트의 정확도로 읽어내는데 성공했다. 사람의 유전자 배열에는 30억 염기쌍이 존재하므로 이를 데이터화하면 약 6.4기가바이트가 된다. 유전자 해석 비용은 지수함수적으로 저감돼 2007년에는 약 1억 엔까지 낮아졌고, 해석 속도도 2시간으로 단축됐다. 2007년 이후에 시장에 투입된 차세대 시퀀서에 의해 가격은 크게 떨어졌고 최근에는 10만 엔이면 수 일 내에 해석할 수 있는 기술도 개발됐다.

세계 인구를 70억 명으로 가정하고 한 사람의 유전자인 약 6.4기가바이트를 곱하면 44.8엑사바이트(기가, 테라, 페타의 순서로 용량이 커진다. 페타의 다음이 엑사이며, 차원이 다른 방대한 데이터다)가 된다. 해석 비용이 현재 10만 엔에서 1인당 1만 엔 정도까지 비용이 하락하면 44.8엑사바이트가 분석 대상이 되고 여기에서 다양한 비즈니스가 생겨날 것이다.

유전자 해석이 진전되면 생체의 구조도 해명된다. 이러한 영역에서 안티에이징이 주목받고 있다. 예를 들어 젊어지는 약인 '고부가가치 물질(Nicotinamide Mononucleotide, NMN)'이 관심을 끌고 있다. 워싱턴 대학 연구자는 체내의 NMN으로 불리는 물질이 장수 유전자〔시르투인(Sirtuin) 유전자〕와 관련이 있다는 점을 발견했다. 이 물질을 암쥐에 투여하자 수명이 16퍼센트 증가했으며, 생후 22개월 된 나이 든 쥐의 세포레벨이 생후 6개월 상태로 회복됐다. 세포가 젊어지기 때문에 당뇨병과 같은 성인병 치료에도 효과가 있다고 한다. 이미 NMN 함유 화장품이나 영양제는 판매 중이다. 구글도 헬스케어 관련 기업을 매수하고 안티에이징 연구에 매진중이며, 불로장생 분야가 자율주행만큼 유망한 시장으로 성장할 것으로 보고 있다.

보안업계: 안심과 권리 침해의 모순

패트롤 로봇

보안 분야에서도 AI를 활용한 경비 서비스가 시작됐다. 세콤은 2015년부터 드론을 사용한 순회 경비 서비스 테스트를 개시했다. 이 서비스는 공장 및 쇼핑몰 등에서 근무자가 없는 시간대에 드론을 정기적으로 순회시켜 주변 모습을 촬영한다. AI는 촬영한 화상을 정상시 화상과 대조하고 변화가 있는 곳을 스스로 특정하여 창 유리의 파손 및 불신물을 검지한다. 이상이 발견되면 경보를 울리는 기능도 있다.

실리콘밸리 벤처기업 '나이트스코프(Knightscope)'는 2013년 패트롤 로봇 'K5'를 개발했다. 마이크로소프트가 이미 4대를 도입하여 경비 업무에 활용하고 있다. K5는 신장이 1.5미터이고, 중량은 136킬로그램이다. 인간의 모습은 아니지만 겉모양은 스타워즈에 나오는 로봇 'R2-D2'를 방불케 한다. 최대 시속은 4.8킬로미터로 적외선 센서가 달린 회전형 카메라가 장착돼 있기 때문에 360도 회전하여 둘러볼 수 있다. 그 때문에 야간에도 얼굴 판별이 가능하다. 카메라로 촬영한 정보는 즉각 중앙센터로 전송돼 AI에 의한 화상 해석에 이용된다.

부정 검지

AI는 부정 적발과 호응도가 매우 높다. 예를 들어 거리 감시 시스템을 이용한 테스트에서 방범상 위험한 오토바이 2인조 운전을 매우 높은 정확도로 검지할 수 있다. 전술한 패트롤 로봇 K5도 1분에 약 300개 차량의 번호판을 읽어낼 수 있다. 인간의 감시능력보다 훨씬 뛰어나기 때문에 AI가 감시한다는 사실만으로도 억지력이 높아진다.

스페인의 FGC공영철도는 바르셀로나 테크놀로지 기업 아웨이트(Awwait)와 공동으로 AI를 활용한 부정승차 감시 시스템을 시험 운영하고 있다. 이 시스템은 자동개찰구 부근에 설치한 카메라 영상 데이터를 분석하여 정상적으로 표를 산 사람 바로 뒤에 붙어서 자동개찰기를 부정한 방법으로 빠져나가는 사람을 검지한다. 이상이 검지되면 경비원이 지참하는 모바일 단말기로 경보가 송신된다. 경비원은 송신받은 화상을 확인하고 그 인물을 찾아내서 표를 확인하고 없으면 벌금을 부과한다.

신용카드 부정 이용의 검지에도 AI가 일역을 담당하고 있다. 일본 신용카드협회의 조사에 따르면 2015년에 부정 사용으로 인한 신용카드 피해 총액은 120억 엔에 달한다. 카드의 연간 이용액이 45조 엔이라는 것을 감안하면 120억 엔은 그다지 큰 금액이 아니라고 생각할 수도 있지만 기업 입장에서는 소홀할 수 없는 금액이다. 이 문제를 해결하려고 AI를 활용한 시스템을 도입하는 신용카드회사도 있다. 이 시스템은 '거의 동시에 복수의 점포 및 EC사이트에서 같은 신용카드가 이용'되는 부정 사용의 가능성이 있는 조건을 규칙화해서 등록해두고 이에 해당하는 이용 실적이 확인되면 즉각 검지하여 부정 사용이 의심된다는 경보를 표시한다. 이 같은 부정 검지 시스템을 실현하는 방법으로는 두 가지가 있다. 경험이 풍부한 인력이 규칙을 생각하는 방법과, AI의 지원을 받아 규칙을 작성하는 방법이다. 최근에는 규칙 기반이 아니라 기계학습을 적용한 시도도 추진되고 있다.

범죄 예측 시스템

발생할 수 있는 미래를 예측하여 범죄를 미연에 방지한다는 생각은 영화 속에서나 보는 이야기였다. 예를 들어 톰 크루즈 주연으로 2002년 상영된 〈마이너리티 리포트(Minority Report)〉는 살인 예측 시스템에 의해 살인자로 예측된 경관이 범죄예방국에 쫓기는 이야기로 큰 인기를 얻었다. 이처럼 꿈속 이야기로 다뤄졌던 범죄 예측이지만 AI의 진화로 마이너리티 리포트와 비슷한 시스템이 실제로 등장하고 있다.

캘리포니아주 산타크루즈시는 2011년에 빅데이터를 해석하는 AI를 도입해서 2년 만에 범죄 발생률을 17퍼센트나 줄였다. 이 시스템은 산타크루즈시가 축적해온 연간 1만 1,000건의 범죄 리포트와 10만 5,000건의 통화기록 등을 사용하여 '특정 장소의 범죄 발생률' '범죄력이 있는 인물의 유무' '가로등의 가동상황' 및 '주점이나 나이트클럽의 유무와 영업시간' 등의 정보를 조합하여 특정 장소에서의 범죄 발생 가능성을 계산했다. 그리고 범죄 발생이 예측된 장소 주변에 경관을 미리 배치해서 범죄 예방 및 사건 발생시 체포시간 단축 등에 활용하고 있다.

AI는 '여기서는 범죄가 일어나지 않을 것이다'라고 생각되던 장소를 대상으로 '범죄 확률이 높다'고 판정하는 경우가 있다. 반신반의하며 현지에 가 보면 전과가 있는 사람이 이사오거나, 빈집이 늘고, 음식점 영업상황이 변해 있는 등 확실히 범죄가 일어날 법한 상황이 조성돼 있을 때가 많다고 한다. AI는 과거 경험에 기인하는 선입견이 전혀 없기 때문에 베테랑 판사의 예측과 비교해도 적중률이 2~3배가량 높다. 이 범죄 예측 시스템은 스타트업 회사 프레드폴(PredPol)이 개발한 것으로, 그 후 로스앤젤레스, 워싱턴주의 시애틀, 조지아주의 애틀랜타 등 대도시를 중심으로 도입되고 있다.

로스앤젤레스시경은 이 시스템을 활용하여 1,300만 건에 달하는 과거의 범죄 데이터를 분석하고 있다. 이에 기초하여 범죄조직에 의한 발포사건이 있으면 그 부근에서 보복 범죄 발생률이 높아진다는 것을 알게 됐다. 또한 고급주택가에서 빈집털이 피해가 발생되면 피해 주택에서 1마일 이내에 다시 유사 피해가 발생할 가능성이 높아진다는 것도 판명됐다. 이러한 범죄 발생률이 높은 지역 10~20곳에 경찰관을 집중적으로 순회시킨 결과, 범죄 건수는 억제되고 강도사건은 33퍼센트, 폭력사건은 21퍼센트, 빈집털이 피해는 12퍼센트 줄어들었다고 한다.

이러한 이야기는 미국에만 한정되지 않는다. 일본에서도 교토부경이 2016년 10월부터 '예측형 범죄 예방 시스템'을 도입했다. 이 시스템은 과거 10년간 통계 데이터 및 범죄이론을 이용하여 범죄 발생 경향을 과학적으로 분석할 수 있다고 한다. 그리고 새롭게 강도 및 성범죄가 발생할 가능성이 높은 장소와 시간대를 컴퓨터로 예측하여 방범에 활용하고 있다.

AI를 어디까지 신뢰해야 하는가

범죄 예측 시스템의 효과는 확실시되고 있지만, 도입 시에는 사생활 침해 문제에 주의할 필요가 있다. 2015년 마이크로소프트의 개발담당자 제프 킹(Jeff King)이 경찰의 팟캐스트(Podcast, 인터넷상에서 음성 및 동영상을 공개하는 방식)로 흘린 코멘트가 물의를 일으켰다. 그는 수형자의 범죄력, 복역 중의 언동 등을 알고리즘으로 분석하면 석방 후 6개월 만에 다시 형무소로 되돌아올 확률을 91퍼센트 정확도로 예측할 수 있다고 했다.

이러한 예측이 맞을 수도 있지만, 미래 범죄의 예측은 인권 침해로 연결될 가능성이 있기 때문에 세심한 주의가 필요하다. 범죄자에 대한 세상의 시선은 우호적이지 않기 때문에 석방 직후에 마음을 고쳐먹은 수형자도 다시 형무소로 되돌아오는 사례도 있을 것이다. 그 경우 수형자뿐만 아니라 사회에도 문제가 있다고 볼 수 있는데, AI의 예측 결과만을 보면 수형자에 국한된 문제로 생각하기 쉽다. 시스템의 문제로 데이터 분석 결과에 오류가 끼어드는 경우, 범죄와는 관계없는 특정 개인이 근거 없는 의심을 받아 경찰의 추적을 받을 가능성도 있다.

AI는 과거의 데이터를 기초로 미래를 예측하기 때문에 한 번 범죄를 저지른 사람은 예를 들어 마음을 고쳐먹어도 의심받기 쉽다. 컴퓨터의 판정 결과를 과신하여 특정한 특징을 가진 사람에만 직무질문을 한다면 문제가 발견될 가능성도 높아진다. 체포자가 많아지면 그러한 특징을 가진 사람이 수상하다고 하는 선입견이 더욱 강해져서 사회적으로 차별이 조장될 수도 있다.

2016년 7월 댈러스에서 총격사건이 발생했다. 이 사건에서는 육군예비역 병사였던 범인과 격렬한 총격전을 벌여 경찰관 5명이 희생됐다. 경찰은 별수 없이 탄약이 든 원격조종형 로봇을 현장에 파견해서 용의자를 살해했다. 미국 경찰이 범인을 살해할 목적으로 로봇을 사용한 것은 이 사건이 처음이다. 이 사건에 이용된 로봇은 원격조종형이었으며, AI는 탑재돼 있지 않았지만 가까운 미래에는 위험 장소에서 AI에 의한 총격이 벌어져도 당연시할 가능성이 있다. 이때 AI가 범인이 아닌 사람을 살해하게 되면 사회적으로 큰 문제가 된다.

이처럼 AI를 어디까지 신뢰할 것인가는 향후 큰 논란거리가 될 것이다. 미국에서는 다른 사람을 체포하거나 불상사 방지를 위해 경관 5만 명에게 카메라를 부착하는 계획을 검토하고 있다. 이는 경찰 증언과 목격자의 증언이 엇갈릴 경우에 대응하기 위해서지만, AI의 판단이 정말로 옳은 것인가를 판정할 때에도 이용될 수 있다. 평등을 담보하고자 카메라 활용이 늘어나는 한편에는 카메라에 의해 사생활이 침해될 가능성도 높아진다. AI와 사생활 침해의 문제는 간단하지 않으며, 여러 가지 모순적인 측면도 갖고 있다.

〉칼 럼

뇌의 리버스 엔지니어링과 AI

리버스 엔지니어링이란 위키피디아에 따르면 "기계를 분해하거나 제품의 동작을 관찰하거나 소프트웨어의 동작을 해석하여 제품의 구조를 분석하고 거기에서 제조방법 및 동작원리, 설계도 등의 방식이나 소스 코드(Source Code) 등을 조사하는 것"이다. 이를 뇌에 적용하면 '뇌의 동작을 관찰하거나 해석하여 뇌의 동작원리를 조사'하는 것을 의미한다.

유명한 뇌 해명 프로젝트로는 미국의 브레인 이니셔티브 및 유럽·미국의 인간 뇌 프로젝트(Human Brain Project, HBP)가 알려져 있다. HBP에서는 이미 쥐의 뇌를 기초로 한 모델이 만들어져 감각신호가 들어온 후 어떻게 뇌가 작동하는가에 대한 시뮬레이션이 시행되고 있다. 2개의 대규모 프로젝트 이외에도 다수의 연구가 진행중이다. 도쿄 대학의 구니요시 교수는 AI의 새로운 진화를 목표로 뇌가 발달하는 과정을 해명하는 연구를 진행하고 있다. 태아는 양수를 돌아다니면서 자극을 받지만 이와 같은 태아의 경험과 뇌 발달과의 관계를 컴퓨터 내에 재구축하는 연구도 진행 중이다. 또한 조산한 아이는 발달장애 가능성이 통상의 아이보다 높다고 알려져 있어 그 원인을 발달 시뮬레이션으로 해명하려는 연구도 진행중이다.

뇌 해명과 AI는 어떠한 관계가 있을까? 뇌 해명이 어려운 이유는 뇌가 어떻게 움직이는가를 관찰할 수 없는 데에 있다. 현재의 기술로는 뇌에 흐르는 혈액의 증감 정도는 측정 가능하지만, 뉴런(신경 세포)의 움직임을 간단한 방법으로 모니터링하기는 매우 어렵다. 만약 뇌 시뮬레이션을 통해 실제와 근접한 쥐가 만들어진다면 반대로 시뮬레이션의 동작을 상세히 조사해서 실제 쥐 뇌의 움직임도 추정할 수 있다. 뇌 시뮬레이션은 계산기에서만 동작할 뿐이므로 움직이는 뉴런을 정밀하게 조사하는 것도 가능하다. 이처럼 뇌 해명과 AI는 쥐의 뇌 관찰을 통해 뇌 시뮬레이션 분야가 발달하고, 뇌 시뮬레이션의 움직임을 해석하여 쥐 뇌에 대한 이해도를 높일 수 있는 밀접한 관계에 있다.

딥러닝은 2장에서 설명했듯이, 뇌의 구조를 단서로 한 방식이다. 반대로 말하면 단서 정도로 받아들이는 것이지 본격적인 모방단계는 아니다. 뇌의 해명이 진전되면 당연히 딥러닝의 성능도 향상되고 비즈니스에 큰 영향을 미칠 것으로 생각된다. 또한 딥러닝 연구가 뇌 해명에 단서를 제공할 수도 있다.

4장

AI가 바꾸는 우리의 일

2013년에 옥스포드 대학 마이클 오즈본(Michael A. Osborne) 교수가 향후 10년에서 20년 사이에 인간의 일 중 절반 가까이를 AI에게 빼앗긴다는 논문을 발표해 세상을 떠들썩하게 했다. 이 뉴스는 여러 국가에서 보도됐기 때문에 '자신의 일이 없어진다'고 걱정하는 사람도 많이 있을 것이다. 다만 마이클 오즈본 교수의 예측은 전문가가 '이 일은 대체되기 쉽다' '이것은 대체가 어렵다'라고 분류한 데이터를 소량 제작하고 그 데이터를 여타 직업에 적용하여 대체될 확률을 계산한 것이다. 그 때문에 논문 결과에는 전문가의 주관이 포함돼 있다는 점에 유의해야 한다.

미래에는 반드시 AI로 대체되는 분야가 나타날 것이다. 그러나 과도하게 부정적으로 생각할 필요는 없으며 '기계적이고 재미없는 일은 줄어든다' '사람 부족 문제가 해소된다' '이전에는 없던 새로운 일이나 서비스가 등장하고 새로운 고용이 창출된다' '자신이 좋아하는 창조적인 일에 집중할 수 있다'처럼 긍정적으로 받아들일 필요가 있다.

지금부터는 지적 전문직 이외에 사무 업무, 고객 대응, 교육 연수, 인적관리, 광고 선전, 콘텐츠 제작 등 기업 내 다양한 업무 영역에서의 AI 활용 사례를 살펴보자.

전문직 지원: 법률 상담, 보험 심사

AI 보급으로 인한 고용 불안을 우려하는 사람들은 특별한 자격이 필요 없는 비교적 단순한 일이 AI로 대체된다고 생각하는 경향이 있다. 그러나 현실은 꼭 그렇지도 않다. 예를 들어 변호사 및 의사 등의 전문 업무는 AI

가 도입되기 쉬운 영역이다.

그 이유는 양질의 데이터가 완비돼 있기 때문이다. 변호사 및 의료 분야에는 과거의 판례, 법률문서, 의학논문 등의 지식이 체계적으로 정리돼 있다. 사용된 언어의 문법적 오류도 매우 적다. 정보가 정비돼 있기 때문에 AI가 분석하기 쉽다. 데이터의 정확성도 중요하다. 데이터에 오류가 포함돼 있으면 당연히 AI는 틀린 답을 내게 된다. 연구논문의 주제 위조 등으로 떠들썩했던 사건도 있었지만 일반적으로 논문의 문장은 충분히 전문적인 검증을 거친 문장이다. 그래서 일반 기업이 보유하는 데이터와 비교하면 품질이 높고 균일한 경우가 많다.

전문성이 필요한 업무는 '어제까지는 A라고 대답했지만 오늘부터는 B라고 대답할 필요가 있다'처럼 내용이 빈번하게 변화하는 경우는 거의 없다. AI에게 기억시킨 내용이 실제 업무와 크게 괴리될 확률도 낮다. 비즈니스 방침 및 전략의 변경에 의해 업무 방식이 빈번하게 변화되는 상황에서는 과거의 지식 및 학습 경험에 기초하여 움직이는 AI를 기민하게 대응시키기 어렵지만, 변호사나 의사의 업무는 법이 개정되거나 정설이 재검토되더라도 통상적으로 판례와 학술논문은 수십 년간 통용되기 때문에 AI의 적용은 비교적 간단하다. 변호사 일은 조사 업무에 많은 시간이 할애된다. 특히 어려운 것은 방대한 판례를 조사하는 일이다. AI에게 '과거에 이러한 사건은 없었나' '이런 판례를 찾아달라'는 지시만으로 적절한 판례가 바로 찾아진다면 변호사의 업무 부담은 크게 줄어든다.

2015년에 방영된 NHK 스페셜 〈'NEXT WORLD 우리의 미래' 제1회 미래는 어디까지 예측할 수 있는가〉라는 프로그램에서 변호사 업무의 미래상이 소개됐다. 프로그램에서는 AI가 선택한 자료를 사람이 확인하고 법정에 제출하는 모습이 표현됐다. 인상 깊었던 점은 변호사의 업적 평가까지 컴퓨터가 수행하는 모습이었다. 새롭게 고용된 변호사의 능력을 보기 위해 AI가 찾은 서류와 인간이 단독으로 찾은 서류의 결과를 비교해서 능력에 대한 판정을 내리는 방식이다. 실제로 AI가 도입된 기업에서 일하는 변호사는 "AI가 있으면 변호사 수는 10분의 1로 축소 가능하다"라고 말한다.

그러나 실제로 변호사 수를 10분의 1로 줄일 만큼 AI가 우수하지는 않다. 변호사는 의뢰인의 이야기를 꼼꼼히 듣고 의뢰인의 목적을 이해하고 불안해하는 의뢰인에게 공감하고 의뢰 내용과 법률을 대비시키는 작업을 한다. 이 작업을 현재의 AI가 대체하기는 어렵다. 이렇게 생각하면 향후에는 변호사 세계에서 양극화가 진행될 가능성이 높다. 어느 정도 위치에 있는 변호사는 AI의 힘을 빌려 실적을 향상시키겠지만 그렇지 않은 변호사는 AI가 수행한 일에 틀린 점은 없는지 확인하는 역할을 담당하게 될 것이다.

무료 법률 상담

전문직 업무에 AI가 적용되기 쉬운 또 하나의 이유로 비싼 인건비가 거론된다. 인건비가 높을수록 AI에 의한 비용 삭감 효과가 커지기 때문에 AI 도입의 검토 대상이 되기 쉽다. AI를 도입하여 효율이 높아지고 비용이 절감되면 변호사 사무소에서 일하는 사람들에게는 불이익이지만 사회 전체적으로는 긍정적이다. 즉, 변호사 상담 비용은 대체적으로 비싸기 때문에 일반인은 가볍게 상담을 의뢰하지 못한다. 변호사 상담 비용이 낮아지면 약자가 손쉽게 전문가와 상담할 수 있기 때문에 격차의 축소로 이어질 가능성도 있다.

해외에서는 AI를 활용한 무료 상담 서비스도 등장했다. 스탠포드 대학에 재학 중인 조슈아 브라우더(Joshua Browder, 19세)가 개발한 AI 변호사 보트(Bot) 'DoNotPay(벌금 내지 마세요)'도 그러한 서비스의 하나이다. 경찰관의 강제 단속으로 주차 위반 딱지를 발부받아 불합리하다고 생각한 것이 서비스 제공의 계기가 됐다고 한다. 그는 "교통 위반으로 벌금을 내는 사람은 대부분 사회적 약자라고 생각했다. 그들은 고의로 법을 어긴 것이 아님에도 지역 정부의 수입원으로 이용당하고 있다"고 주장했다. 경찰관에게는 주차 위반의 검거에 의무 수량이 부과된다. 그리고 경찰관이 단속하기 쉬운 대상은 나중에 여러모로 귀찮은 일이 발생할 수 있는 유명인사나 폭력집단보다는 가난한 서민일 것이다.

조슈아가 가난한 약자를 보호하기 위해 개발한 것은 다음과 같은 서비스다. 우선 상담하고 싶은 사람은 사이트에 들어가서 "벌금을 받았을 때에 표식은 분명하게 보였나?" "주변 주차공간은 충분했나?"라는 일련의 질문에 답을 한다. 마지막까지 응답하면 단속에 무리가 있었는가에 대한 판정이 내려진다. 이 서비스는 이제까지 주차 위반 단속 결과 16만 건을 뒤집었다.

AI가 전문직에 활용되는 흐름은 향후 세무사 및 회계 업무에도 확대돼갈 것으로 예상한다. 그러나 전부 똑같이 AI로 대체되지는 않을 것이다. 또한 바로 대량의 실업자가 생기지도 않으리라 필자들은 생각한다. AI가 만능은 아니기 때문에 어디까지나 사람의 일을 지원하는 형태가 될 것이다. 일을 빼앗긴다고 생각해서 AI의 도입에 반대할 것이 아니라, 단조롭고 재미없는 작업은 AI에게 맡기고 재밌는 일만 인간이 하면 된다는 식으로 사고를 전환해야 한다.

보험 심사의 고도화

이전 보험업계에서 보험금의 지불 누락이 크게 보도돼 금융청이 다수의 보험회사를 상대로 업무 정지를 포함한 행정처분을 내린 적이 있다. 이 사건의 영향으로 막대한 비용을 들여 과거 1억에 가까운 보험금 청구안건을 재확인하는 기업이 나왔을 정도다. 단시간에 대량의 데이터를 사람이 심사하면 아무래도 실수가 발생한다. 이러한 정확성을 담보하기 위한 조치로 보험 심사 업무에 AI 도입이 추진되고 있다.

생명보험 심사는 의학적 지식을 필요로 하고 진단서 내용에 기초한 꼼꼼한 판단이 요구된다. 진단 시 심사자는 특정 특약사항에 해당될 수 있는 내용이 기재돼 있는지 진단서를 자세히 살펴보아야 한다. 예를 들어 '수술을 받았지만 시력이 회복되지 못하고 시력을 잃었다'고 써 있다고 하자. 실명한 경우는 고도장해의 특약에 해당할 가능성이 있지만 이 정보를 놓치면 지불해야 할 돈이 지불하지 않은 것이 돼 지불 누락으로 취급된다.

이 문제를 해결하기 위해 AI가 등장했다. 과거 방대한 양의 지불 사례와 당시 진단서에 쓰인 내용을 학습시켜 특정한 기술이 있는 경우에는 어느 특약사항에 어느 정도 확률로 해당될지를 산출한다. 생명보험회사는 이처럼 AI를 이용해서 지불 누락의 우려가 있는 특약사항과 그 근거가 되는 진단서 중 기술 내용을 심사자에게 제공하는 서비스를 개발하여 실제로 이용하고 있다. 의료보수명세서 심사 등도 같은 방식으로 처리할 수 있다. 명세서 심사 업무는 의사가 진단한 내용을 정리하고 보험자 등 관계 기관에 의료 보수를 청구하는 것으로 구성돼 있다. 보수 청구는 간단하지 않으므로, '이 약은 이 질환에만 투여해야 한다' 등 후생성(우리의 보건복지부에 해당–옮긴이)이 정한 상세 규칙에 기초하여 적정한가를 판단해야 한다.

그림 16 **생명보험회사: 보험금 지불업무의 고도화(예)**

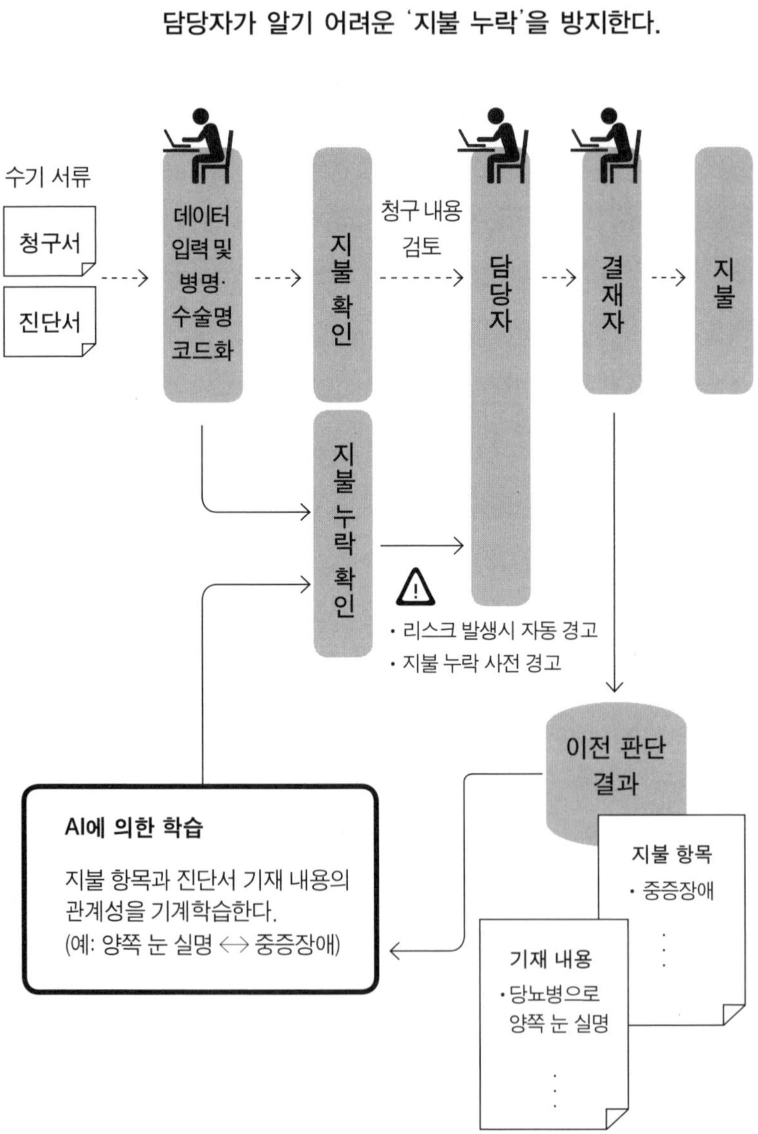

그러나 규칙을 어긴 투약 및 수술인 경우에도 의학적인 의견에 비춰 적정하다고 인정되는 경우가 있기 때문에 단순히 후생성이 정하는 규칙을 AI에게 학습시키면 해결되는 것도 아니다. 이 업무를 효율적으로 수행하기 위해서는 풍부한 의료지식을 가진 전문가가 심사 과정에서 데이터를 축적하고 그 결과를 AI에게 학습시킬 필요가 있다. 어느 정도 데이터가 축적되면 의료지식이 풍부하지 않은 사람도 심사작업을 수행할 수 있게 될 것이다.

사무 및 접객의 고도화: 디지털 로봇, 콜센터

로봇이라고 하면 공장 등에 도입되는 물리적 의미의 기계를 떠올리는 사람이 많을 것이다. 그래서 회사가 AI로봇을 도입한다고 하면 아마 생산 현장이 주요한 무대가 될 것이라는 생각이 일반적인 반응이다.

그러나 앞으로는 로봇이 일반사무에도 관여하여 업무의 효율화 및 생산성 향상에 일역을 담당하는 상황이 늘어날 것이다. 다만 여기에서 활약하는 것은 물리적인 로봇이 아니라 소프트웨어로 만들어진 디지털 로봇이다. 로봇이라는 용어에는 '기계적으로 움직이다'는 의미가 있기 때문에 물리적인 디바이스가 아니라 소프트웨어에 대해서 이 용어를 사용해도 무방하다.

사무 업무는 다양한 형태로 존재한다. 예를 들어 여비 신청 관련 사무처리를 하는 경우에는 첨부된 영수증 정보를 토대로 정말로 그 경로로 가는 것이 옳았는가, 청구한 대로 증거가 되는 전표가 있는가 등의 확인작업이 수행된다. 또한 신청서의 입력 사항과 기술돼 있는 내용에 모순은 없는지, 기입 누락은 없는지를 확인하고 부족한 부분이 있으면 신청자에게 반환하기도 한다.

이러한 업무는 이미 IT화돼 있다고 생각할 수도 있다. 그러나 이전의 IT화는 단순히 정보를 송신, 공유 및 보관하는 수준에 머물러 있다. 그런데 AI를 사용하면 이제까지 인간이 수행한 '입력된 데이터를 보고 그 의미 및 내용을 이해 혹은 판단하는 업무'도 수행할 수 있게 된다. 이처럼 향후 AI화될 것으로 생각되는 업무에는 특정 규칙에 따라 내용을 확인하고, 적절성 여부를 판정하고, OK인지 NG인지 판단하는 작업이 포함될 것이다. 또한 판단뿐만 아니라 데이터 입력 업무로 불리는 '종이에 쓰인 문자를 시스템에 정확히 반영'하는 작업도 인간이 수행하고 있다. 현재의 AI는 인간이면 누구나 쉽게 할 수 있는 '종이에 쓰인 문자를 정확히 읽어내는' 것은 어렵다.

인간이 업무 프로세스에 관여하는 경우, 담당자가 쉰다거나 다른 일로 바빠서 곧바로 착수할 수 없는 경우 아무래도 업무가 지연되기 쉽다. 이 경우 AI로 교체할 수 있다면 업무 속도의 비약적인 향상과 인건비의 대폭 삭감이 가능하다. AI에 의해 자동화가 확대될 영역은, 특히 다수의 사무원을 고용하고 있는 기업이나, 업무 지연으로 비즈니스 기회 포착에 어려움을 겪는 기업에 해당하며 이들에게는 낭보가 될 것이다.

로봇 프로세스 자동화(Robotic process automation, RPA)

'RPA'는 디지털 로봇을 업무에 도입하여 인간만이 대응할 수 있다고 인식해온 작업을 지적 가상 근로자로 불리는 규칙 엔진 및 AI를 탑재한 디지털 로봇에게 처리하게 하여 효율을 향상시키는 개념이다. 일본에서는 2016년 7월 일본 RPA협회가 발족했고, 대기업들도 RPA도구의 시범적 시행을 추진하는 등 업무에 반영하려는 움직임이 확대되고 있다.

RPA의 가장 큰 특징은 디지털 로봇이 기존 시스템의 화면을 인간처럼 조작할 수 있다는 점이다. 그 때문에 기존 시스템을 변경하지 않고 AI를 도입하여 생산성을 높일 수 있다. 물론 정형화된 업무 지시에 따라 몇 번이든 반복하는 도구는 이전에도 있었다. 그러나 그것은 극히 한정된 애플리케이션 조작에 불과했으며, 범용적인 도구는 아니었다. RPA도구의 경우, 범용성이 있으며 다양한 애플리케이션의 자동화가 가능하다. 도구가 읽어들인 정보에 대응하여 작업 내용을 변화시켜나갈 수도 있다.

NTT연구소가 개발하고 NTT데이터가 판매하는 RPA도구 'WinActor'에는 화상인식 기술이 활용됐다. 이 기술을 이용하면 브라우저 등의 화면상 버튼을 화상인식하여 브라우저를 사용하는 장소가 변화해도 처리를 계속할 수 있다. 사용자명과 패스워드를 입력하는 작업이라면 적절한 입력장소를 스스로 판정하여 특정 장소에 특정 문자를 입력하는 것이 가능하다.

RPA도구 활용법 중에는 경쟁 관계에 있는 EC사이트를 매일 순회하고, 상품의 가격 정보를 스스로 취득하여 엑셀파일에 보존하는 것도 있다. 이와 같이 이전에는 사람이 수행하던 반복적인 작업이 RPA도구를 사용하면 간단히 자동화할 수 있다. RPA도구는 도입 시 기존 시스템을 변경할 필요가 없으며 작업내용을 RPA도구에 반영시키는 작업도 현장의 근로자가 수행할 수 있기 때문에 저비용으로 신속한 업무 효율화를 도모할 수 있다는 특징이 있다. 경미한 개선은 RPA도구가 수행하여 투자를 자제하고, 투자 대비 효과가 기대되는 대규모 개보수 경우에만 투자를 시행하는 전략이 향후 보급돼 갈 것이다.

다만 RPA 역시 만능은 아니다. RPA는 업무처리 주체가 인간에서 테크놀로지 로봇으로 대체됐을 뿐이기 때문에 업무 프로세스 자체를 바꾸는 것은 아니다. 업무 전체를 재검토하고 전체적인 관점에서 최적의 업무방식을 생각하는 경우에는 지금처럼 인간의 능력이 요구되며, AI를 활용한 전사 차원의 업무 재검토 등이 필요하다.

지금까지의 설명을 기초로 일상적 업무 중에 AI가 반영된 디지털 로봇이 관여할 상황을 이미지화할 수 있다. 인간 근로자에 가상 근로자(디지털 근로자)가 가세하여 협력을 통한 업무 추진방식이 미래 회사 내 모습이라고 필자들은 생각한다.

콜센터

고객의 문의 및 불만에 대응하는 콜센터는 CRM 시스템 등 비교적 IT화가 진전된 업무의 하나이다. 이전의 시스템은 전화가 걸려오면 상대방의 전화번호 및 고객번호로부터 고객 데이터베이스를 검색하여 발신인을 판별하고, 사용자 정보를 상담원의 컴퓨터 화면에 표시하여 과거 이력 등을 보면서 고객의 질문에 상담원이 대답하는 방식이다. 질문에 대답한 후에는 대응 결과를 시스템에 입력하여 고객정보를 축적한다. 이러한 작업을 계속함으로써 고객만족도의 향상 및 업무 효율화를 추진할 수가 있다. 이와 같은 고객 대응 서비스는 '진실의 순간(Moment of Truth)'이 중요하다고 알려져 있다. 이는 1980년대에 스칸디나비아항공을 재건한 얀 칼슨이 제안한 용어로 그 의미는 '고객은 그 기업과 접한 최초의 순간에 그 기업의 서비스 전반에 대한 좋고 나쁨을 평가해버린다'는 것이다. 이것은 항공회사에 한정되지 않고 모든 고객 대응 서비스에서도 통용되는 중요한 사실이다. 그러나 현실의 직장에는 과제가 쌓여 있고 진실된 대응을 의식할 만큼 마음의 여유가 있는 경우가 거의 없다.

기업은 과거에 판매한 제품에 대해서도 고객으로부터 질문이 있으면 대답할 필요가 있다. 즉, 콜센터의 상담원이 기억해야 할 지식량은 매일 증가하고 있는 것이다. 콜센터에는 다양한 사람들이 수많은 사항에 대해 문의한다. 이러한 것은 간단히 패턴화하기가 어려울 뿐만 아니라 방대한 양의 매뉴얼을 한 개인이 모두 기억할 수도 없다. 현장에서는 매뉴얼의 정비조차 쫓아가기 어려운 것이 실상이다. 이와 같이 고객만족도를 높이기는커녕 문의사항에 정확한 대답조차 하기 어려워지고 있는 것이 현실이다.

콜센터는 불만을 토로하는 전화를 수습하는 경우도 많기 때문에 정신적 압박을 받기 쉬운 직장이기도 하다. 기억할 것이 많고 정신적으로도 관리가 필요한 콜센터 업무는 일반적으로 어려운 업무이며 연수 기간 중에 그만두는 사람도 많다. 기억할 점이 많다는 것은 전환(Switching) 비용이 높다는 것을 의미한다. 그 때문에 숙련된 근로자의 이직은 기존 회사에 큰 부담이 된다. 기업들에게는 이러한 문제에 어떻게 대응해나가야 하는가가 큰 고민거리이다.

콜센터 문제 해결사, AI

방대한 지식을 다 기억하지 않고도 고객과의 대응을 순조롭게 진행하는 솔루션이 각광을 받고 있다. IBM의 왓슨도 유명하지만 NTT그룹의 AI브랜드인 'Corevo'를 활용한 솔루션도 폭넓게 도입되고 있다.

여기에서 사용되는 AI는 음성인식 기술과 응답 지원 기술이다. 콜센터 상담원은 "고객의 말씀은 이러한 내용이지요?"라는 질문을 복창하면서 그 음성을 인식해서 문자화하는 것이 음성인식 기술이다. 그리고 텍스트화된 최종 사용자의 질문과 같은 내용을 FAQ목록(자주 묻는 질문과 대답 모음)에서 찾아내 상담원에게 제공해서 지원하는 기술이 응답 지원 기술이다. 또한 기존의 상담원은 대화가 끝난 다음에 문의 내용과 대답을 기록하는 작업을 수행하지만 이 시점에서는 음성인식 결과에서 요약을 자동 생성하는 별도의 AI를 사용한다. 상담원이 모든 것을 손수 입력하는 방식에서 AI가 준비한 문의 내용 기록을 수정하는 방식으로 대체돼 상담원의 업무 부담이 경감됐다.

NTT데이터는 이와 같은 상담원의 응답 업무 지원에 더해 고객의 니즈를 적확하게 파악하여 고객만족도를 향상시키는 과정에서의 AI 활용도 추진하고 있다. NTT연구소의 감정분석 기술을 이용하여 고객의 음성에 포함된 감정정보를 추출하고, 서비스에 대한 고객의 만족도를 판정하는 실증실험을 추진하고 있다. 경험이 풍부한 상담원이라면 대화 중에 고객의 상황을 이해하고 적절하게 대응하지만 그렇지 못한 상담원은 여유가 없고, 고객의 기분이 변해도 전혀 알아차리지 못하는 경우도 많다. 이에 대한 대비책으로 고객의 심리상태를 분석하고 이를 신속하게 상담원에게 알려주는 AI 기술에 대한 검증작업도 추진 중이다.

대화형 커머스: 채팅 접객, 점포의 AI화

최근 주목받는 새로운 직종으로 채팅으로 고객을 대하는 상담원이 있다. 예를 들어 EC사이트를 둘러보다가 '이 옷은 얼마나 클까' '비슷한 다른 색깔은 있을까'라고 궁금해 한 경험이 있을 것이다. 상품 사항이 불명확해서 구매를 머뭇거릴 때 번번이 문의전화를 하기도 번거롭고, 메일로 문의하면

답변이 언제 올지 모른다. 답을 받았을 때에는 이미 사고 싶은 마음이 사라졌을지 모른다. 이럴 경우에 가장 편안하게 질문하기 쉬운 방법이 채팅이다. 채팅이란 '인터넷 등을 매개로 각 사용자가 문자로 대화를 나누는 서비스'이다. 문자를 통한 대화는 딱딱한 표현이 아니라 짧고 유연한 문장을 주고받는 것이 기본이다. 메일처럼 긴 문장을 쓸 필요도 없고 채팅창을 통해 신속하게 반응이 오기 때문에 새로운 채널로 크게 주목받고 있다.

채팅 서비스로 유명한 곳이 '프리모드(Primode)'이다. 채팅 상담원은 스타일리스트이며, "이 옷에 맞는 셔츠 있나요?"라는 질문에 전문지식을 활용한 코디네이터의 조언도 가능하다. 이러한 부가가치 서비스 제공으로 일반적인 EC사이트의 10배에 해당하는 컨버전율(인터넷상에서 본 상품을 실제로 구입하는 비율)을 기록했다. 채팅 상담원은 동시에 여러 사용자와 대화를 하게 된다. 문자를 입력하는 작업은 다소 시간이 걸리기 때문에 AI의 지원 효과가 크다. 대량으로 데이터를 축적하면 AI가 사용자의 기호를 기억해서 그에 맞는 코디네이션을 제안할 수도 있다.

가상과 실제의 중간에 위치한 서비스

대화형 커머스(미국에서는 컨버세이션 커머스로 불린다)는 메신저, 트윗, 채팅 등 실시간 커뮤니케이션을 활용해서 매출 및 고객만족도를 향상시킨다. 이것은 트윗에 해시태그(Hashtag)를 도입한 것으로 유명한 크리스가 2016년 1월 블로그에 처음으로 소개했다고 알려져 있다.

채팅을 이용한 서비스를, 단순히 채팅 도입을 통한 고객과의 소통 강화로만 이해하는 것은 좁은 시각이다. 좀 더보다 정확히 말하면 실제 점포와 콜센터의 중간에 위치한 새로운 개념의 가상점포가 등장했다고 이해해야 한다. 서비스 이용자는 실물을 만지지는 못하지만 기존의 EC사이트와 달리 궁금하면 바로 질문하고 대답을 들을 수 있어서 화면 뒤에 점원이 있는 것처럼 느낄 수 있다. 이외에도 '다른 작업을 하면서 쇼핑하기' '멀리 있는 친구와 동시에 정보 공유하기' 등 이전 점포에서는 실현할 수 없던 새로운 구매 체험도 가능해진다.

콜센터와는 달리 화상을 이용하여 상품의 매력을 전달한다는 점도 재밌는 차이점이다. 또한 웹페이지 링크를 고객의 채팅창에 보내 상품 페이지에서 결제 페이지로 자연스럽게 접속하도록 할 수도 있다.

콜센터는 질문이나 불만 접수에 대한 상담이 주업무이므로 문의량이 줄수록 긍정적인 신호로 받아들여진다. 한편 채팅 서비스는 상품에 흥미가 있는 사람과의 상담이 많기 때문에 건수가 늘어날수록 매출이 증가할 가능성이 높다. 언뜻 보면 유사해 보이는 업무지만 상당히 다른 구조를 갖고 있다.

이처럼 채팅 상담 서비스는 콜센터와 실제 점포의 중간에 위치해 있다. 이전에는 점포의 점원으로 일했지만 현재는 여러 사정으로 일하지 못하는 사람도 24시간 대응 채팅이면 장소나 시간의 제한 없이 일할 수 있다. 보안 등의 문제는 있으나 자택에서 원하는 시간에 재량껏 일할 수 있다. 최근에는 전화 사용자가 줄어들고 '라인' 등을 사용한 채팅에 익숙한 젊은 소비자도 많다. 이러한 소비층을 위한 새로운 서비스로 채팅은 매우 주목받는 분야이다.

점포 방문객 분석

방범용 감시카메라는 점포 및 시내 등 수많은 곳에 설치돼 있지만 사건이 발생하지 않는 한 사용되는 경우는 거의 없다. 이왕 설치됐기 때문에 좀 더 건설적인 목적으로 활용하기 위한 감시카메라의 다목적 이용이 주목받고 있다. 예를 들어 점포 내 감시카메라를 인터넷으로 연결한 화상을 분석하여 사람의 흐름을 계측한다. 즉, '방문자는 몇 명인가?' '남성과 여성은 몇 명인가?' '어디서 몇 초간 머물렀나?' 등을 AI로 분석해서 점포 서비스에 활용하려는 노력이 시도되고 있다.

방문객 분석 서비스 제공으로 유명한 곳이 벤처기업 아베자이다. 창업자 오쿠다는 실리콘밸리의 딥러닝이 유망한 비즈니스 기회가 될 것으로 생각해 일본으로 돌아와 창업했다고 한다. 화상해석 기술을 활용한 방문객 정보의 각종 분석과 점포 내 시스템(POS, CRM 등)을 연계시켜 동선분석 및 실제 점포에서의 컨버전율(어느 상품 앞을 사람이 통과한 횟수에 대한 실제로 구입한 사람의 비율)을 계측한다. 이러한 데이터를 사용하여 경험 및 감에 의존한 접객이 아니라 '언제 점원을 몇 명 배치하는 것이 효율적이다' '어떤 선반의 배치가 좋은지' 등 점포 경영 개선을 위한 분석 서비스를 제공하고 있다.

NTT데이터는 교차점에 설치된 카메라를 활용해서 AI로 교통정체를 완화시키는 실험을 중국 구이양시에서 실시했다. 이 실험에서 화상해석에 의해 교차점을 통과하는 자동차 대수 및 평균속도를 분석하고 현재 자동차의 흐름을 파악한 후에 신호의 변경 빈도를 최적화하여 평균 7퍼센트, 최대 26퍼센트 정체상황을 완화시켰다.

이처럼 기존 상업시설 및 사회 인프라를 AI를 통해 최적 활용하고자 하는 발상은 향후 더욱 중요해질 것이다. 상업시설 및 사회 인프라에 대규모 투자를 하지 않으면서도 비즈니스 및 사회의 다양한 과제를 해결할 수 있는 잠재력이 AI에 있다.

그림 17 AI를 이용한 교통정체 완화

중국 구이양시에서의 교통정체 완화 실험 모습

정체 모습(위), 교차로에 설치된 카메라(아래)

교육: 적응학습, 게이미피케이션 AI

전원을 대상으로 일률적으로 실시되는 전통적 교육방식에서 개인별 숙지 정도를 고려한 개별지도로 교육방식을 전환하고자 하는 경우, AI의 활용 여지는 매우 크다. NTT데이터가 매년 발행하고 있는 미래의 정보 사회와 기술 경향에 관한 보고서 「NTT DATA Technology Foresight」에서도 AI의 활용에 따른 숙제 개념의 변화를 다룬 적이 있다. 학교는 이제까지 전원에게 동일한 숙제를 요구했지만 장래에는 AI가 각 학생의 실수 유형을 파악하고, 지식이 부족한 부분을 분석하여 가장 적합한 과제를 내는 '적응학습'의 방향으로 진화해 나갈 것이다.

AI를 활용한 새로운 교육 서비스는 일부에서 이미 시작됐다. 예를 들어 일본경제 컴퓨터 주최 '미래 IT 어워드 2016' 교육부분에서 우승한 태블릿 교재 『큐비나(Qubena)』를 이용하면 AI가 학생의 실수로부터 이해도를 유추하여 개별학습을 진행할 수 있다.

하츠오지(도쿄의 대표적 주택가)에 있는 한 학원에서 2015년 3월에 초등학교 6학년생 약 20명을 대상으로 실험적으로 큐비나를 도입한 결과, 1학기분의 수학 수업을 불과 2주일 만에 끝낼 수 있었을 뿐만 아니라 전원이 기말시험에서 학교 평균을 넘어서는 성적을 거두었다. 다른 실험에서는 초등학교 6학년 3명, 중학교 1학년 4명을 대상으로 여름방학 중 2개월에 걸쳐 주 1시간 큐비나를 사용해서 수학을 공부하게 한 결과, 초등학교 6학년 2명, 중학교 1학년 3명이 실용수학 기능검정 5급(중학교 1학년 수료 수준)에 합격했다.

2016년부터 본격적으로 서비스를 시작한 큐비나는 대규모 학원을 중심으로 보급을 추진하고 있으며, 이미 20개 회사로부터 문의가 있었다고 한다. 교육에 큐비나와 같은 IT 방식이 적용되면 개인의 능력을 최적화하는 개별 수업에 주목하게 될 것이다. 그러나 이것은 교사가 AI로 대체된다는 이야기가 아니다. 학교는 지식을 배울 뿐만 아니라 사회성을 배우는 곳이기도 하기 때문에 수업이 고도화된다고 해도 교사의 중요도는 크게 변화하지 않을 것이다.

이와 관련한 교육을 AI로 지원하는 것과 AI가 수학 문제를 푸는 것에는 커다란 간격이 있다. 국립정보학연구소는 도쿄 대학 입시에 도전하는 AI를 개발하는 프로젝트 「로봇은 도쿄 대학에 입학할 수 있을까?」를 2011년부터 추진했지만 2016년 11월에 도쿄 대학 입학을 단념했다. 그 원인은 취약 과목의 존재였다. 도로보쿤(東ロボくん, 로봇의 이름)은 세계사 등의 암기 문제는 발군의 성적을 거두었다. 판별이 쉬운 수학에도 장점을 보였다. 그러나 문장의 독해가 필요하거나 상식적 판단이 요구되는 국어와 영어에 대한 약점은 마지막까지 보완이 되지 못했다. 이 사례에서 알 수 있듯이 AI의 언어이해 능력은 최근 빠른 속도로 향상되고는 있지만 아직 인간의 수준에는 도달하지 못하고 있다.

원격교육의 진화

AI는 학력 향상 이외 측면에서도 효과적으로 활용될 수 있다. 예를 들어 최근에는 IT 및 인터넷 보급으로 스탠포드 대학 강의를 원격지에서도 들을 수 있다. 실시간 원격수업 진행 시 강사의 가장 고민스러운 부분은 '학생이 정말로 수업을 성실히 듣고 있는가' '얼마나 정확히 이해하고 있는가' '테스트 시간에 다른 사람이 대신 시험을 치르고 있진 않은가'라는 점의 확인이 어렵다는 것이다. 카메라로 본인 인증을 하는 방법도 있지만 사진으로 속일 가능성도 있다. 그래서 키보드의 움직임을 AI로 모니터링하여 본인 인증을 하는 방법이 연구되고 있다. 키보드 입력방법은 사람에 따라 습관이 있기 때문에 AI로 분석하면 본인 여부가 확인될 수 있다고 한다. 본 기술의 인증 정확도가 어느 정도인지는 알 수 없지만 이러한 시스템의 도입만으로도 억제력은 크게 향상될 것이다.

AI가 모든 학생에 대한 개별적 조언이 가능해지면 교사의 부담은 경감될 것이다. 교실에 있는 학생 한 사람 한 사람의 학습 정도를 교사가 모두 확인하고 학생별로 최적인 교재를 제공하는 것은 불가능에 가깝다. 교사는 다양한 잡무도 수행해야 하기 때문에 수업에만 전념할 수는 없다. 이러한 때에 AI가 각 학생의 표정 및 진도를 파악하여 적절한 코멘트나 조언을 해 줄 수 있다면 교사는 마음 관리 및 심화학습 등 AI로는 부족한 부분에 집중할 수 있게 된다.

AI가 작성하는 통신란 및 학생기록부는 교원의 주관이 들어간 것보다 공평성과 객관성을 담보할 수 있다. 학부모로부터 편애한다고 불만이 제기될 가능성도 매우 낮아진다. 장래에는 왕따의 징조, 학생들의 SOS신호를 AI가 탐지하여 교원에게 알려주는 이상 검지 등 AI 활용도는 늘어날 것이다.

게이미피케이션과 AI의 컬래버레이션

'게이미피케이션(Gamification)'이란 게임 방식을 도입하여 일과 공부에 집중할 수 있도록 동기부여하는 방법론이다. 교육(에듀케이션)과 오락(엔터테인먼트)를 결합한 '에듀테인먼트(Edutainment)'나 놀이(Play)와 노동(Labor)을 합한 '플레이버(Plabor)' 등도 같은 취지의 시도이다. 게이미피케이션에서는 '순위와 포인트를 적절히 응용하여 경쟁상황을 만들어낸다' '성공하면 바로 칭찬한다' 등의 방식을 이용하여 동기부여(Motivation)를 높인다.

NTT데이터도 근로자를 대상으로 게이미피케이션 서비스를 제공할 수 있는 시스템을 개발하여 사원 교육 및 오피스 업무에 적용해왔다. 게이미피케이션의 단점은 지속하면 싫증이 난다는 점과 개인에 따라 게임의 선호가 다르다는 것이다. 그래서 AI를 사용하여 각 개인의 집중 정도를 파악해서 즐거워하지 않는다면 게임의 규칙을 변경하거나 흥미를 보일 만한 콘텐츠로 교체하여 게이미피케이션의 결점을 보완할 수 있다.

콜센터의 상담원을 대상으로 하는 게이미피케이션에서는 평균 고객 대응시간이 짧을수록 대응 횟수가 많을수록 포인트를 많이 받는 방식이다. 즉, 이 예에서는 원가 삭감을 목적으로 한 규칙이 설정돼 있다. 업무 목적에는 원가 절감 이외에 고객만족도의 향상도 있다. 그 때문에 고객이 만족하면 포인트가 쌓이는 규칙을 만들고, 만족도가 보다 높은 대응을 촉진시키는 것도 중요하다.

그러나 고객이 정말로 만족했을지는 좀처럼 판정하기 어렵다. 「사무 및 접객의 고도화」에서 언급했듯이 NTT데이터에서는 AI를 사용하여 고객의 음성에 포함되는 감정 정보(뉘앙스)로부터 고객의 만족 여부를 판정하는 실험을 추진하고 있다. AI와 게이미피케이션의 연계는 매우 주목되는 영역은 아니지만 AI를 사용한 교육에 대한 재밌는 접근이라고 필자들은 평가한다.

디지털 마케팅: 광고 입찰, 마케팅의 자동화

마케팅은 AI의 도입이 진전되고 새로운 아이디어가 계속해서 시도되는 역동적인 영역이다. 우리도 한 사람의 소비자로서 AI의 위력을 몸으로 체험할 수 있다. 특히 큰 변화를 보이는 곳은 기업의 광고 선전방식의 변화다.

덴츠(Dentsu)의 발표에 따르면 일본의 인터넷 광고비는 2015년 1조 1,594억 엔으로 1조 8,088억 엔의 TV 광고 규모에 근접했다. 세계적으로도 이러한 경향은 두드러지고 있는데 PWC(PricewaterhouseCoopers)에 의하면 전 세계 인터넷 광고비는 2016년에 TV 광고비를 넘어선 것으로 보인다. 이처럼 미디어가 다양화되고 TV 이탈이 심화되는 지금 대기업의 광고대리점은 이전처럼 TV 광고를 통한 기계적인 판매만으로는 존재감을 강화하기 어려울 것이다. 특히 광고대리점을 위협하는 것은 광고주가 대리점을 통하지 않고 웹상에서 직접 구글 등의 미디어에 접촉하여 광고 선전을 할 수 있다는 점이다. 광고 효과에 대해서도 대리점의 영업직원을 불러서 들을 필요도 없으며, 스마트폰 등 친숙한 디바이스에서 고객의 반응을 실시간으로 파악할 수 있다(완전히 자동화되지는 않았으며, 광고의 입고나 광고 효과의 분석 등 인간에게 의존하는 부분도 많이 남아 있다).

웹 마케팅은 TV보다 효과 측정이 쉽다. 예를 들어 동영상 광고라면 몇 사람이 몇 초간 시청했는지 정확히 측정할 수 있다. TV 광고에도 시청률 등의 지표가 있지만 일반적으로 웹 광고에서 좀 더 상세한 데이터 수집이 가능하다. 마케팅 담당자에게는 투자대비 효과가 명확하고 효율적인 광고 선전이 가능하기 때문에 웹 광고는 급속히 보급되고 있다.

최근에는 구글 등 검색 사이트에서 게임을 검색한 후 다른 사이트로 이

동해도 게임 광고가 따라 나온다. 이를 가능하게 하는 여러 기술이 존재한다. 예를 들어 '실시간 입찰 광고(Real Time Bidding, RTB)'로 불리는 방식에서는 사용자가 웹사이트를 방문할 때마다 입찰이 진행돼 어느 광고를 표시할 것인가가 결정된다. 이 방식에서는 가장 높은 가격을 내는 광고주의 광고가 표시되지만 돈을 많이 낸다고 해서 무조건 광고되는 것은 아니다. 실제로는 사이트를 방문한 사용자의 행동 속성을 분석하여 흥미가 있을 것 같은 상품을 선정하여 상품과 어울리는 광고 내용을 표시하고 있다. 이 프로세스는 매우 빠른 속도로 이루어지기 때문에 사용자는 입찰이 진행되고 있는 것을 인식하지 못한다.

앞서 설명한대로 RTB는 1임프레션(1회 광고 노출)마다 '누가 열람하고 있는가'를 고려하여 입찰이 이루어진다. 입찰 시마다 사용자의 속성을 분석하고 광고에 흥미를 보일 만한 사용자를 대상으로 최적화된 광고를 보여주기 때문에 광고 효율이 높아진다. 사용자의 속성 분석에 필요한 데이터는 브라우저에 탑재된 쿠키라는 기능을 이용하여 수집된다. 그리고 AI는 사용자 속성 분석, 사용자와 광고의 매칭 과정에 활용된다. 실제로는 구입품의 후기를 보고 싶어서 조사했을 뿐인데 그 상품이 계속 추천된다는 불만도 많아 정확도 및 최적화 부분에서 개선이 필요하다. 그러나 보다 많은 정보를 수집하게 되면 구입완료 제품은 보여주지 않는 등 더욱 진화될 여지는 있다.

대기업 광고제공 서비스는 1분기에만 수천억 회의 임프레션을 처리한다. 이 같은 방대한 양을 고속으로 처리하려면 AI 외에 수준 높은 IT 인프라도 필요하다. EC사이트에서 소비자 행동을 분석하여 구입을 고민하고 있다는 것을 감지하면 자동으로 화면에 쿠폰을 제시하는 서비스도 실현되고 있다. 주춤거리면 싸게 살 수 있다는 것을 인간이 알게 되면, 이후는 인간과 AI가 서로 속이는 상황이 벌어질 것이다.

마케팅 오토메이션

마케팅 오토메이션(Automation)이란 마케팅의 각 프로세스의 액션을 자동화하는 방식 및 플랫폼을 말한다. 이러한 플랫폼을 사용하면 흥미를 보일 것 같은 사람에게 다이렉트 메일(회사나 백화점이 소비자에게 우송하는 광고 인쇄물-옮긴이)을 보내 해당 사이트를 보도록 유도하고, 누가 어느 사이트를 보았는지 모두 추적할 수 있다. 행동을 추적할 뿐만 아니라 구매 이력, 메일의 반응상황에 따라 '10퍼센트 할인 안내를 보낸다' '바로 보낼 것인지 몇 일 후에 보낼 것인지' 등 다음의 액션까지 전자동으로 실행할 수 있다. 현재의 마케팅 오토메이션에서는 이들 액션을 인간이 규칙으로 기술하고 시스템에 입력하는 경우가 많다. 어떠한 규칙을 투입하면 매출이 얼마나 향상될 것인가를 검토할 때 AI의 분석 결과를 참고한다. AI가 규칙을 자동적으로 생각해내는 것이 가장 이상적이지만 현재는 그 수준에 도달하지는 못했다.

이제까지 소개한 마케팅 오토메이션은 웹을 사용한 가상세계에서 사용되는 경우가 많지만 실제와 연계시키는 방법도 가능하다.

전술한 점포의 방문객 분석 서비스를 제공하는 벤처기업 아베자는 가상세계에서는 구글 및 페이스북을 이길 수 없기 때문에 실제공간에 집중하여 점포 내 분석 등 서비스 제공에 힘을 기울이고 있다. 아베자의 재미있는 점은 IT 업계에서 자주 사용되는 수법을 실제 점포에 도입한다는 점이다. 이전 제품의 진열 순서로 고민하는 경우, 모두 모여 이야기를 나누고 그럭

저럭 모두가 납득되면 결정하는 경우가 많았다. 그러나 아베자는 이와 같은 판단이 어려운 경우, 실리콘밸리에서 자주 이용되는 A/B 테스트 수법을 도입한다. A/B 테스트란 책상에서 이루어지는 검토가 아닌 실제 서비스며, 여러 가지 패턴을 시험해보고 가장 효과가 좋았던 것을 채택하는 방식이다. 2014년 말에 행한 미쓰코시이세탄(Isetan Mitsukoshi Holdings Ltd.)의 '전국 명품 과자전'의 실증실험에서는 통로의 어느 부분에 상품을 배치하면 고객은 어떻게 움직일 것인가를 A/B 테스트의 형식을 빌려 검증했다. 이를 통해 "인기상품은 어디에 진열해도 팔리기 때문에 통로의 중앙에 설치하면 오히려 혼잡의 원인이 된다는 것을 알게 됐다"고 한다.

IT 업계에서 주목을 모으고 있는 방식 및 기술이 실제세계에 적용돼 가는 흐름은 향후 다양한 분야로 확대돼 갈 것으로 전망된다.

업무 지원 기능의 고도화: HR 테크, 로봇 상사

어느 기업에나 공통적으로 존재하는 인사, 구매, 총무 등의 지원 기능은 선진 IT의 도입이 더딘 영역이다. 그러나 정보를 정리하는 수준의 IT화에 머물러 있던 지원 기능에 AI를 적용하여 업무상 의사 결정을 지원하는 방향으로 전환하려는 움직임이 나타나고 있다. 그중 하나가 인사 채용에 AI 기술을 활용하는 HR 테크(HRT)이다. HR 테크라는 용어는 다양한 테크놀로지(기술은 AI에만 한정되지 않는다)를 인사·총무업무에 반영한다는 의미이다.

인사업무는 가장 인간적이고 AI와는 거리가 먼 것처럼 느낄 수도 있다. 그렇지만 채용업무는 어떤 의미에서는 기업에서 가장 중요한 업무라고 할 수 있으며, 기업의 미래를 결정하는 중요한 일이다. 구글은 채용에 대해 "채용에 드는 비용보다도 그 후 훈련시킬 비용이 더 크다. 유망한 사원을 채용하지 못하면 그 후 훈련에 비용을 쏟아부어도 효과는 크지 않다. 이상적으로는 훈련보다도 채용에 비용을 들여야 한다"고 주장하고 있다. 이러한 사고를 따른다면 훈련보다 채용에 많은 노력을 기울여야 하지만 일반 기업은 그렇게까지 채용에 신경을 쓰는 것 같지 않다.

실제로 면접 횟수를 늘린다고 해도 응모자의 교묘한 테크닉에 현혹돼 진정한 모습은 간파하기 어렵다. 잠재력을 감안하여 채용한다 해도 실제로 성장하느냐는 미지수다. 일단 채용하면 시간과 비용을 들여서 육성해 나갈 수밖에 없는 것이 현실이다. 면접관은 면접이 시작되고 5분 만에 결론을 내고, 나머지 시간에는 그 사람을 채용해도 좋다는 근거를 찾는 경우가 많다는 검증 결과도 있다. 톨레도 대학 심리학 교수의 실험에 따르면 5분이 아니라 최초 10초 만에 면접의 당락이 결정된다고 주장한다. 그리고 면접관이 판단할 때는 자신의 감과 경험에 의존하며 개인적 특성에 영향받는다.

HR 테크에 의한 채용의 변화

이러한 주관적 요소가 강하게 나타나는 인간적 영역은 의외로 AI와의 친화성이 높다. AI의 특징에 '주관에 현혹되지 않고, 공정하게 판단할 수 있다'가 있으며, 이러한 특성이 채용에 좋은 영향을 미친다. 대기업에서는 방대한 수의 입사지원서에 대응해야 하는데 담당자가 꼼꼼하게 읽고 선별하는 것을 기대하기는 어렵다. 이러한 분야에 AI의 도입에 의한 업무 고도화가 기대되고 있다.

예를 들어 기업은 필요한 인재의 이미지를 목록으로 만들어둔다. AI가 입사지원서의 자기소개 내용을 분석하여 채용할 인재의 스펙과 어느 정도 합치하는가를 확인한다. 이 방법을 이용하면 방대한 데이터를 단시간에 처리할 수 있다. 일정 기준으로 판단하기 때문에 담당자의 개인차에 의한 문제도 해소된다.

HR 테크는 채용면접에서 평가가 높았던 사람이 실제로 그 후에 성과를 올렸는가에 대해서도 분석한다. 이러한 데이터를 활용하면 채용작업의 추진 방향을 재검토하는 기회도 된다. 채용하는 기업과 구직자의 데이터를 대량으로 수집하여 그것들을 AI로 해석함으로써 기업이 원하는 기능과 경험을 가진 인재를 자동적으로 추천하는 새로운 구인구직 서비스도 시작됐다. 그 일례로 '탤런트 베이스'는 빅데이터 분석 서비스 제공회사 브레인패드(Brainpad)와 구인정보 사이트 운영회사 아토라에(Atrae)가 공동으로 시작한 것이다.

이러한 채용 지원 서비스에는 페이스북이나 링크드인 등 소셜 미디어상의 개인정보가 흔히 이용된다. 소셜 미디어를 활용하면 구직자뿐만 아니라 구직자의 친구도 평가를 위한 정보에 더해질 수 있다. 여기에는 친구가 우수하면 구직자도 우수하다는 생각이 근저에 깔려 있다. 이 같은 다양한 관점에서 분석함으로써 정확도를 향상시킬 수 있는 것이 AI의 특징이다.

로봇 상사의 등장

앞서 설명한대로 인적 관리 영역에서 AI를 사용하는 장점으로 자동화에 의한 비용 절감, 객관적인 채용기준의 확립 외에 높은 공평성을 생각할 수 있다. 직장에서는 아무래도 '자신이 보다 많이 일하는데 왜 그 사람이 높은 지위에 있는가' '이 사람은 언제나 편파적이다' 등 불만을 안고 있는 근로자가 있다. 그 때문에 인사평가 및 급료, 승진 결정은 인간 상사보다 AI가 담당하는 것이 공평하고 납득하기 쉽다는 의견도 있다.

AI가 상사를 대신하면 불편함이 있을 수도 있지만 리서치회사 가트너(Gartner)는 "2018년까지 300만 명이 넘는 근로자가 로봇 상사의 지시를 따르게 될 것"이라고 예측하고 있다.

미국 메사추세츠 공과대학이 실시한 인간과 로봇과의 공존에 관한 연구에서도 AI가 지시명령을 내리는 쪽이 작업자의 만족도가 높다는 결과가 나왔다. 이 실험은 제조현장에서 이루어졌으며, 인간 2명과 로봇 1대를 3회에 나누어 작업을 시켰다. 첫 번째는 모든 일을 인간 1명이 배정한다. 두 번째는 로봇이 모든 일을 배정한다. 세 번째는 인간 1명은 자신의 일을 스스로 수행하고, 로봇이 나머지 1명에 대해 일을 분담시켰다. 결과는 두 번째의 로봇이 모든 일을 관장하는 패턴이 가장 효율이 높고 피실험자의 만족도도 가장 높았다.

이러한 결과가 나온 원인은 AI에 의해 대기 시간 및 비효율이 없어져 최적화가 실현됐다는 점과 로봇이 일을 배분했기 때문에 공평하다고 느낀 점이라고 생각된다. 부정적인 언급을 할 때에도 상사에게 "이 점이 충분하지 않다"라고 듣기보다 로봇에게 지적당하는 것이 객관적 사실로 받아들이기 편하고 반대로 지적이 틀리더라도 로봇이기 때문에 어쩔 수 없다는 식으로 받아들이기 쉽다. 이처럼 AI는 사람의 감정에 관한 부분에서도 활약이 기대된다.

콘텐츠 제작: 크리에이터, 콘텐츠 생성 서비스

음악, 일러스트, 디자인, 카피라이팅 등 창조적인 영역은 인간 고유의 영역이고, AI가 적용되기 어려울 것이라고 생각돼 왔다. 그러나 AI의 취약 부분으로 여겨지던 이러한 영역에서도 AI가 진출하기 시작했다. 즉, 특정 영역에서의 크리에이티브한 측면은 컴퓨터로도 실현할 수 있게 된 것이다.

예를 들어 앞서 소개한 도쿄 대학이 개발한 자동 작곡 시스템 '오르페우스'는 사용자가 가사를 입력하면 20초라는 짧은 시간에 스스로 작곡한다. 만들어진 곡은 합성음성 보컬과 함께 청취도 가능하다. 작곡은 사용자가 입력한 가사를 표준어 데이터베이스를 사용하여 해석하고, 가사 음조(Intonation)를 추정한 것에 기초하여 멜로디를 만드는 순서로 진행된다. 일반적으로 음악 코드 진행에는 일정한 법칙성이 존재하기 때문에 리듬 및 반주 패턴을 조합하여 멜로디의 확률을 계산하면 그 나름의 수준을 갖춘 곡이 탄생한다. 니코니코 동화(일본 버전의 유튜브)에는 오르페우스가 작곡한 악곡이 공개돼 있다.

화상 생성 서비스

미술의 세계에서도 AI를 이용하여 예술작품에 필적하는 창작이 이루어졌다. 마이크로소프트, 네덜란드 ING그룹, 렘브란트박물관, 델프트(Delft) 공과대학 등이 참여한 공동프로젝트 「더 넥스트 렘브란트」에서는 단순히 화가 렘브란트를 흉내 낸 비슷한 작품의 재현이 아니라, 본인이 그렸다고 밖에 생각할 수 없는 '신작'이 창작됐다.

이 프로젝트에서는 3D스캐너를 사용하여 표면의 울퉁불퉁한 느낌까지

그림 18 **콘텐츠 자동 생성: 렘브란트의 최신작 합성**

출처: **더 넥스트 렘브란트의 홈페이지**(https://www.nextrembrandt.com).

렘브란트의 모든 작품을 데이터화했다. 그 후 AI에 의해 터치, 색의 사용, 레이아웃 등 렘브란트 화법의 특징을 습득하고, 렘브란트가 그렸을 듯한 동기나 조건을 반영한 알고리즘을 개발했다. 이를 바탕으로 약 500시간을 들여 새로운 그림을 그리고, 3D프린터로 물감의 결도 재현한 결과 진품으로 오해할 정도로 완성도 높은 작품이 실현됐다.

러시아의 오스타그램(Ostagram)은 뉴럴네트워크 기술을 사용하여 사진을 합성시키는 기술로 주목을 받고 있다. 오스타그램의 기술을 사용하면 사진 및 화상에 다른 화상 특유의 '묘사법과 터치'를 합성시켜서 새로운 작품을 만들어낸다. 예를 들어 고양이 사진과 칸딘스키의 작품을 합성하여 현대미술풍의 화상을 만든다든지 모스크 사진이 고흐의 힘 있는 화풍의 그림이 된다든지, 스노보드를 타는 사진이 일본 전통적인 풍속화에 녹아들게 하는 시도이다. 이전에도 AI를 사용하여 사진을 합성한 시도는 있었지만 부자연스러운 조합이나 현실에서 벗어난 결과물이 된 적이 많았다. 그러나 오스타그램의 기술은 충분히 감상할 수 있는 예술이 만들어졌다는 평가를 받고 있다.

화상생성과 관련한 다양한 기술이 개발되고 있다. 예를 들어 와세다 대학 연구그룹은 흑백화상을 컬러로 전환하는 기술을 개발하고 있다. 딥러닝을 이용하여 흑백화상을 컬러화상으로 전환하기 위한 단서가 되는 모든 특징을 학습시켜 흑백사진을 컬러로 변환하는 것이다. 사용자의 약 90퍼센트가 "색깔이 자연스럽다"고 대답했다.

이러한 사례에서 알 수 있듯이 음악 및 그림의 자동 생성은 상당히 실용수준에 가까워졌다. 음악은 한 곡 듣는데 다소 시간이 걸리기 때문에 AI에게 대량의 작곡을 시킨다 해도 인간이 그중 좋은 곡을 선택하기는 어렵지만 그림은 대량 작성돼도 좋고 나쁨의 판단이 비교적 간단하다. 그렇기 때문에

그림 19 **콘텐츠 자동 생성: 고양이와 칸딘스키**

출처: http://news.livedoor.com/article/detail/11297829/.

화상의 자동 생성 기술은 다양한 용도에 활용될 수 있는 장점이 있다고 할 수 있다.

문장 생성 서비스

음악 및 화상과 비교해 문장 생성의 벽은 높다. 음악이나 그림은 일반의 감각과 다른 부분이 있어도 반대로 그것이 새롭게 느껴지는 경우도 있다. 그러나 문법은 한 곳이라도 틀리면 불편한 느낌을 준다. 문장의 자동 생성은 난도가 높지만 연구로서는 매력적이기 때문에 활발하고 다양한 시도가 이어지고 있다.

구글은 화면에 나타난 상황을 AI에게 문장으로 설명시키는 기술을 개발하고 있다. 인간이라면 '이 사진은 개가 걷고 있는 그림이다' '사람이 오토바이를 타고 달리는 그림이다'와 같이 설명하는 것은 간단하다. 그러나 AI에게 같은 작업을 수행하게 하는 것은 결코 쉽지 않다. 이러한 고도의 기술 개발에 구글 연구자들은 나름 성공을 거두었다.

화상을 보고 설명문을 생성하는 것이 아닌 텍스트에서 화상을 생성하는 연구도 진행되고 있다. 그 결과, 2장에서도 소개한 것처럼 '멈춤 표식이 하늘을 날고 있다'라는 문장을 AI에게 입력하면 '둥글고 빨간 물체가 하늘을 비행하는 화상'을 자동 생성하는 데 성공했다. 이처럼 최근에는 문장의 의미를 파악하고 세상에 존재하지 않는 화상을 AI가 만들어낼 수 있는 수준까지 발전했다.

AI가 소설을 저술하는 작업도 시도되고 있다. 인공지능 연구의 제1인자로 알려진 하코다테 미래대학 마츠하라 교수가 중심이 된 프로젝트에서는 작가 호시 신이치의 작품 1,000편 이상을 AI에게 학습시켰다. 그리고 '언제' '어

그림 20 **구글의 연구 성과**

적확한 답의 경우

A person riding a motor-cycleon on a dirt road.

(오토바이로 지저분한 길을 달리고 있는 한 사람.)

단어에 실수가 있는 경우

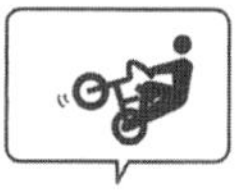

A skateboarder does a trick on a ramp.

(스케이트보더가 경사에서 재주를 뽐내다.)

허용할 수 있는 실수의 경우

Two dogs play in the grass.

(개 2마리가 잔디 위에서 놀고 있다.)

오답의 경우

A dog is jumping to catch a frisbee.

(개가 프리스비를 점핑 캐치하고 있다.)

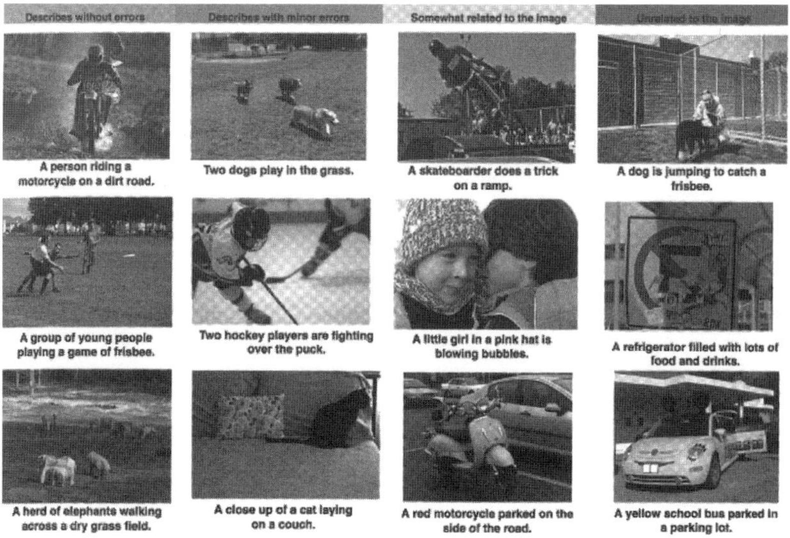

출처: "A selection of evaluation results, ground by human rating" Oriol Vinyals, Alexander Toshev, Samy Bengio, Dumitru Erhan: Figure 5 of "Show and Tell: A Neural Image Caption Generator" (https://arxiv.org/abs/1411.4555; https://arxiv.org/pdf/1411.4555v1.pdf.).

디서' '누가' 등 60여개의 조건을 설정하자 호시 신이치풍의 소설을 쓸 수 있게 됐다고 한다. 2016년 4월에는 마츠하라 교수가 개발한 AI의 작품이 호시 신이치상(賞)의 1차 심사를 통과해 화제가 됐다.

다만 현재의 기술로는 AI에게 기승전결이 있는 이야기를 만들게 한다든지 긴 문장을 쓰도록 하는 것은 어렵다. AI는 의외성을 만들지 못하고 '이 순간에 사건을 만들면 강한 인상을 줄 수 있다' '이 사람이 범인이면 의외성이 있다' 등 사람의 마음을 움직이게 하는 이야기도 만들 수 없다. 그렇기 때문에 아직까지는 상당한 부분에서 인간의 수정작업(인간이 사전에 설정한 규칙에 의한 수정 등)이 필요하다. AI를 이용해서 완전 자동으로 완성품을 만드는 것이 아니라, AI에게 음악 및 화상의 초기 형태를 맡기고 크리에이터가 그것에 손을 더하는 형태로 완성도를 높여나가는 방법이 현실적이다. AI의 힘을 빌려 크리에이터 단독으로 창작하기보다 다양한 작품을 만들어낼 수 있다는 장점도 있다.

새로운 콘텐츠 비즈니스

예술적인 시도뿐만 아니라 비즈니스 현장에서도 AI가 창조성을 발휘하기 시작했다. 로고디자인의 자동 생성 분야에서 몇 개 서비스가 이미 제공되고 있다. 그중 하나인 미국의 스타트업 테일러브랜드(TailorBrand)는 '회사명' '자사의 서비스내용' '선호하는 로고 스타일' 등 몇 가지 질문에 대답만 해도 자동적으로 로고디자인을 제안하는 획기적인 서비스를 전개하고 있다. 예를 들어 '느슨한 느낌' '현대적인 느낌' '재미있는 느낌' 등의 항목을 선택하면 여러 종류의 로고가 제안된다. 가격은 24달러로 수 분 내에 로고가 완성된다.

그보다도 기술적으로 난도가 높은 것이 웹사이트의 자동 생성이다. 더 그리드(The Grid)는 웹페이지의 디자인을 자동으로 생성하는 것 이외에 자사 사이트의 속성에 맞추어 관련 뉴스기사를 AI가 자동으로 소개하는 서비스를 제공하고 있다. 이 회사의 서비스는 사용자가 색깔 및 형태 등의 디자인을 세밀하게 지정하지 않고, 콘텐츠 및 목표(매출량, 방문자 수)등을 지정한다. 그렇게 하면 시스템이 그것에 대응하여 디자인을 최적화한다. 예를 들어 시스템에 사진을 올리면 시스템이 최적 크기로 잘라 붙일 뿐만 아니라, 화상을 분석하고 웃는 얼굴의 사람이 있으면 그에 맞는 서체나 색깔을 선택한다. 대비효과가 약한 부분을 찾아내서 그곳에 텍스트를 넣는 방안을 검토하거나 사진 전체의 색조에서 컬러 팔레트를 결정하는 것도 자동으로 수행한다. 사이트를 공개한 후에는 방문자의 움직임을 분석하고 매출을 높이기 위해 정기적으로 자동갱신까지 수행한다. 이 서비스는 모든 사용자의 요망에 대응할 수 있을 정도의 완성도에는 도달하지 못했지만 장기적으로는 정확도를 향상시켜 나갈 것이다.

AI가 문장을 작성하기는 어렵지만 어느 정도 정형화된 문장이라면 자동생성이 가능하다. 미국의 오토메이티드 인사이트(Automated Insights)는 자동으로 기사 콘텐츠를 작성하는 기술을 개발했다. 미국의 AP통신은 이 회사와 제휴하여 기업의 결산기사를 AI로 작성하여 제공하는 서비스를 시작한다고 발표했다. AP통신이 새롭게 개발한 이 서비스는 단순히 숫자 데이터 입력이 아닌 AI가 어느 정도의 변형성을 가진 문장을 생성한다. 이 서비스는 기업이 발표한 내용 등을 150~300자로 정리할 수 있다.

NTT데이터도 고객과 공동으로 AI에 의한 뉴스 원고의 자동 생성을 시도하고 있다. 방송사업자로부터 제공받은 대량의 기상뉴스 원고와 그 원료인 기상청이 발표한 기상전문을 딥러닝을 사용하여 학습하고, 기상전문에서 아나운서가 읽어내는 뉴스 원고를 자동 생성하는 AI를 실현했다. 자동 생성된 원고는 자국인이 읽어도 불편함이 거의 없는 수준을 실현하고 있다. 이러한 AI의 도입으로 원고 작성에 필요한 노력을 줄이고 보다 독자적인 취재에 주력할 수 있는 환경이 조성되고 있다.

AI에게 적합하지 않은 일: 기술과 채산의 벽

AI로 교체하기 어렵거나 AI의 도입이 지연될 가능성이 높은 분야에는 기술면과 경제면에서 장벽이 있다.

기술면이란 AI의 능력이 아직 미치지 못한 부분으로 커뮤니케이션 능력 및 상식적인 판단이 요구되는 분야이다. 예를 들어 미용사는 고객과 커뮤니케이션을 취하면서 손을 움직인다. 그리고 공무원처럼 딱딱한 직업은 눈에 띄는 금발은 피해야 한다는 등의 상식도 필요하다. 이처럼 미용사는 고도의 작업을 수행하기 때문에 간단하게 AI로 대체되지는 않을 것이다.

AI는 기본적으로 대량의 학습 데이터를 기초로 지식을 얻는다. 반대로 말하면 데이터가 충분히 축적돼 있지 않은 업무에의 도입은 어렵다. 아주 가끔 발생하는 트러블 상황에 대한 대응은 AI에게 적합하지 않다. 사무 업무는 원래 일의 규칙이 명확하지 않고 숙련된 근로자의 머릿속에만 정보가 있는 경우도 많다. 이처럼 일의 경계선이 모호하고 어디까지가 자신의 담당인지 알기 어려운 업무는 특히 AI에게 적합하지 않은 분야다. AI에게는 숙련된 근로자가 수행하고 있는 사무 업무는 의사 및 변호사 등의 전문직업보다도 난도가 높다. 또한 AI가 숙련된 근로자처럼 주변 근로자와 호흡을 맞추고 헤아리면서 작업을 수행할 수는 없다.

업무 내용이 계속해서 변하는 업무도 AI에게 적합하지 않다. 예를 들어 도시락 반찬을 넣는 공장의 라인은 자동화하지 않고 일부러 주부 파트에 맡기고 있다. 주부 파트는 도시락 내용의 변화에 적절하게 대응하고 반찬을 보기 좋게 담을 수 있지만 AI는 어렵다. AI가 올바른 방식으로 학습한 시점에는 식재료가 바뀌는 경우도 있다. 현재 기술로는 반찬을 담는 것 자체도 어렵다. 주부 파트는 일반적으로 높은 임금이라 할 수 없기 때문에 주부 파트가 AI로 대체되는 시기는 상당히 먼 미래가 될 것이다.

한편 기술면에서는 어렵지 않지만 비용면에서 맞지 않기 때문에 도입이 지연되는 경우도 있다. 하드웨어는 급속히 발달하여 저비용화가 진전되고 있지만 고성능 기계를 이용하는 경우는 그 나름 돈과 시간이 든다. 1년에 한 번만 발생하고 비용이 낮은 임시 근로자로 해결 가능한 업무는 좀처럼 AI로 대체되지 않을 것이다. 다만 기술이 저렴해지면 순식간에 도입이 진전될 가능성은 있다.

이제까지 AI의 활동을 여러 방면에서 고찰했지만 모든 일이 전면적으로 대체된다고 생각하는 것은 현실적이지 않으며, 당분간은 AI를 지원 기능으로 사용하면서 인간과 함께 일하는 형태를 취하게 될 것으로 생각한다. 아직 인간이 할 수 있는 일이 많은 것이 사실이고, 정답이 없는 일은 인간이 수행하고 정형적인 업무를 AI에게 시키는 것이 최적의 조합이라고 생각한다. 이처럼 AI의 특성을 어느 분야에서 활용할 수 있을까, 어디까지 인간이 담당하는 것이 효율적인 것일까를 생각하면서 AI와 인간의 업무 밸런스를 확보해 나가는 것이 중요하다.

5장

비즈니스 가속화를 위한 AI 전략

2000년경부터 데이터 분석에 입각한 효율화를 추진하는 움직임이 시작됐고, 2010년경부터는 업종을 불문하고 데이터 분석에 관심을 보이기 시작했다. 그리고 2016년 4월에는 구글이 'AI first'라는 용어를 사용하기 시작했다. 이것은 AI가 가장 중요하고 가장 먼저 활용을 검토해야 할 사항이라는 의미이다. 얼마 전까지만 해도 모바일 first라는 용어가 유행했지만, 향후에는 모바일 기기 등 디바이스 활용을 우선 검토하는 것이 당연시될 뿐만 아니라 AI 구사에 기초한 대량의 데이터 활용으로 생산성을 높이는 일이 중요하게 될 것이다.

한편 데이터 활용에 대한 관심은 높아졌지만 대부분의 기업은 고도의 데이터를 분석할 수 있는 능력을 보유하고 있지 못하다. 따라서 AI 도입 시에는 데이터 분석을 담당할 인재(데이터 사이언티스트) 확보가 중요하게 된다. 당연히 분석 대상이 되는 데이터를 확보하기 위한 전략도 중요하다. 아마존을 비롯한 거대 기업도 AI를 사용하여 새로운 에코 시스템의 확립을 추진하고 있다. AI를 업무 효율화에 한정하여 활용하는 수준이라면 상관없지만 AI의 특성을 활용하여 신규 사업을 급속히 성장시키고자 할 경우, 에코 시스템은 반드시 고려해야 할 요소다.

그래서 이 장에서는 세계적인 동향을 시야에 넣어 기업 차원에서 AI 전략의 기본이 되는 'AI 인재 획득' '데이터 획득' '에코 시스템 형성'이라는 3가지를 중심으로 고찰하기로 한다. 다만 그전에 기업이 확인해 두어야 할 대전제가 있다. 그것은 AI 도입의 목적을 분명히 하는 것이다. 우선 이 점을 중심으로 이야기를 시작하기로 한다.

명확한 목적이 AI의 가치를 결정한다

AI 도입을 고려 중인 기업이 맨 처음 생각해야 하는 것은 'AI 도입을 통해 무엇을 하고 싶은가?' '왜 AI를 도입하는가?'에 대한 목적을 명확히 하는 것이다. 이 점을 분명히 하지 않은 채로 AI를 도입한다면 눈에 띄는 성과를 얻지 못할 확률이 높다.

이것은 당연한 이야기처럼 들리지만 실제로 목적이 불명확한 채로 AI의 도입을 추진하는 경우가 많다. 흔히 볼 수 있는 상황을 들자면, 타사에서 큰 영향을 일으킨 AI 사례를 듣고 우리도 AI를 사용해서 무언가 해야 한다고 생각한 경영진이 부하 직원들에게 AI 도입을 지시하는 경우이다. 부하 직원들은 "금년 내 AI로 무언가 하지 않으면 안 된다. 우리 회사가 당장 실행할 수 있는 것이 있는가"라고 IT벤더에게 상담하게 된다.

AI는 본래 수단에 불과한데, 현재는 목적화돼 있는 경우가 많다. 면밀히 '실현하고 싶은 서비스에 대한 아이디어가 있다' 혹은 '해결하고 싶은 과제가 있다'는 명확한 목적에서 시작하지 않으면 단순한 실험으로 그치게 돼서 실제 비즈니스에 활용되지 못하고 끝날 것이다. AI를 사용하면 이전에는 실현할 수 없던 서비스가 가능해질 수도 있지만 'AI로 실현 가능하다'와 'AI의 도입이 적절하다'에는 큰 차이가 있다. AI의 도입이 아닌 업무 프로세스의 재검토만으로 대응할 수 있는 경우는 후자를 선택하는 것이 합리적이다. 회사 경영진의 갑작스러운 지시에서 시작된 프로젝트는 반드시 성공시키겠다는 담당자의 강한 의지가 없는 때가 많아서 마지막까지 최선을 다하지 않는 경우가 일반적이다. 특히 AI 프로젝트는 통상의 IT 시스템 개발과는 달리 시행착오를 반복하면서 발전되는 것이다. 강한 의지를 가지고

그림 21 **AI 도입의 장점과 단점**

장점	단점
· 대폭적인 업무 효율화가 실현된다. · 새로운 서비스를 창출할 수 있다. · 핵심 업무에 자원을 집중할 수 있다.	· 사내 실업자가 발생한다. · 실수를 저질러도 원인을 알 수 없다. · 학습데이터 부족 등으로 실패할 리스크가 존재한다.

끈기가 있는 인재를 배치하는 것도 성패를 좌우하는 중요한 요인이다.

이 책에서 여러 번 소개했지만 가장 영향력이 큰 AI 사용법은 인간의 관여를 가능한 줄이면서 비즈니스를 급속히 확대시키는 전략이다. AI에 의해 고속 및 전자동으로 진행되는 고부가가치 서비스를 만들어 전 세계에 일제히 전개한다. 인간이 개입하지 않은 AI 서비스이기 때문에 단기간에 비즈니스를 빠른 속도로 확대시킬 수 있다. 이와 같이 이제까지 인간이 실현하기 어려웠던 영역에서 AI를 사용하는 것이 중요하다. 필자들은 단순한 인간의 대체가 아니라 AI에 의한 새로운 서비스 실현을 목표로 설정하기를 기대하지만, 일반 기업에서 새로운 서비스를 시작하는 것은 그 나름의 문턱이 높으리라 생각한다. 그래서 최초에는 업무 효율화에 AI를 활용하고 경험을 쌓으면서 새로운 서비스 창조로 전환해 나가는 것이 현실적인 방법이 될 것이다.

따라서 만약 당신이 담당자로 AI 도입을 지시받은 경우, 우선은 AI를 사용한 업무 효율화 방안을 검토하는 것이 좋다. 사내에서 비용이 큰 부분은 어디인가를 생각하고 거기에 AI를 적용한다. 이런 경우는 효과도 측정하기 쉽고 신규 서비스 창조에 필요한 비즈니스 트렌드 및 기술동향에 정통할 필요도 없다. 2장에서 AI의 적용영역을 크게 5가지로 나누어 소개했다. 그 내용을 참고하여 AI로 무엇이 실현돼 있는지, 그것을 실현하기 위한 기술에는 어떠한 것이 있는가를 생각해보면 구체적인 방안을 쉽게 생각해낼 수 있을 것이다.

인재 획득: AI 인재의 확보와 육성

사장으로부터 "AI를 통해 무엇이 가능한가"라는 질문을 받았을 때 가장 문제가 되는 것은 AI를 이해하고 있는 인재의 확보 여부다. 정보 시스템 담당자로 충분하다고 가볍게 생각하는 기업도 많지만 AI 인재에게 요구되는 능력은 프로그래머와는 매우 다르다. 업무 시스템을 구축하거나 관리하는 이른바 정보 시스템 인재로는 AI를 능숙하게 다루지 못하는 경우가 많다. 이전의 업무 시스템에서 사용되고 있는 통상적인 프로그램만 다뤄본 인재에게 특히 어려운 것이 기계학습 부분이다. 사용되는 용어도 익숙하지 않고 본래 기계학습이 어떻게 기능하고 있는지도 알기 어렵다. 기계학습 프로그램을 가동시킬 수 있다고 해도 성능을 충분히 발휘하고 있는가에 대한 판단은 어렵다. AI의 오류를 고치며 개선해 나가는 것도 마음처럼 쉽게 되지 않는다.

2016년에 공개된 일반 사용자와 인터넷으로 대화를 나누면서 진화하는 마이크로소프트의 AI 'Tay'가 히틀러를 찬양하거나 페미니즘을 업신여기는 사건이 있었다. 이것은 일반인의 부적당한 발언을 대량으로 학습시킨 것이 주요 원인이었다. 마이크로소프트는 Tay의 재교육을 포기하고 서비스를 중단했다. 이러한 예에서 알 수 있듯이 AI는 데이터를 제공한다고 해서 반드시 현명해지는 것은 아니다.

이전의 업무 시스템에서는 문제가 발생했을 경우 프로그램을 다시 짜면 오류를 수정할 수 있고 최종적으로는 잘 움직이게 된다. 그러나 AI의 경우에는 정답을 가르쳐줘도 바로 '똑똑'해지지는 않는다. AI는 대량의 데이터를 학습하기 때문에 정답을 알려주어도 곧바로 결과가 변하지 않을 때도 많다. AI는 성급하게 데이터를 추가하면 다른 곳에 영향을 미쳐 결과적으로 틀릴 확률이 높아진다. AI 중에는 학습한 결과가 불투명하기 때문에 AI가 왜 그러한 대답을 했는지 알 수 없는 경우가 있다. 블랙박스형 AI는 의료 및 자율주행 등의 인명에 직결하는 영역에 적용될 때, 문제가 될 가능성도 있다(블랙박스의 레벨은 알고리즘에 따라 다르다).

결국 AI와 정보 시스템의 차이는 어디에 있을까? 가장 크게 다른 점은 정보 시스템과는 달리 AI는 사용하면서 육성해 나가야 한다는 점이다. AI는 비즈니스가 변화에 적응하여 튜닝하거나 알고리즘을 개량할 필요가 있다. 또한 대규모 데이터를 사용할 때에는 대량의 서버를 수개월씩 가동시켜야 하는 경우도 있다. 이와 같이 손이 많이 가는 만큼 성공 시 영향도 큰 것이 AI의 장점이다.

전 세계에서 벌어지고 있는 AI 인재 쟁탈전

지금 세계 각국에서는 AI 연구의 최첨단을 달리는 인재를 둘러싸고 치

열한 획득 경쟁이 벌어지고 있다. 기술 혁신이 너무 빨라 기술을 구입해도 바로 진부해지는 현재와 같은 상황에서 기술에 정통한 인재를 획득하는 것이 경쟁력을 확보하는 최대의 지름길이다. 이를 위한 방법 중 하나가 인수합병을 통한 인재 획득이다. 구글은 2013년에 딥네트워크의 대부로 유명한 제프리 힌튼 교수가 관여한 DNN리서치를 매수했다. 또한 다음 해인 2014년에는 바둑 챔피언을 무너뜨린 데미스 허사비스(Demis Hassabis)가 이끄는 딥마인드를 매수했다. 세일즈포스(Salesforce)는 오브젝트 인식으로 유명한 메타마인드를, 인텔은 AI를 활용한 반도체 및 소프트웨어 등을 개발하는 너바나 시스템(Nervana Systems)을, 애플도 AI 관련기업 트리(Tree)를 매수했다.

인수합병을 하지 않고 연구소를 설립하여 우수한 인재를 모으는 전략도 있다. 페이스북의 AI 연구소 'FAIR(Facebook AI Research)'는 딥플래닝을 개척한 뉴욕 대학 교수 얀 르쿤(Yann LeCun)을 초빙했다. 기초연구소 구글X는 스탠포드 대학 교수 앤드루 응(Andrew Ng)을 초빙하여 연구개발을 추진했다. 그는 현재 '중국의 구글'이라고 불리는 바이두가 실리콘밸리에 설립한 연구소로 이적했다.

이러한 움직임은 IT 계통의 기업에 한정된 이야기는 아니다. 도요타는 2016년 실리콘밸리에 연구기관을 설립했다. 향후 5년간 10억 달러를 투자하여 미국 매사추세츠 공과대학 및 스탠포드 대학과의 연계를 추진하고 있다. 리쿠르트도 자사의 AI 연구소로 카네길멜론 대학에서 기계학습의 기초 및 응용을 여명기부터 연구해온 톰 미첼 교수, 카테고리 분류 분야에서 이용되는 토픽 모델의 제1인자인 콜롬비아 대학 데이비드 브레이(David Bray) 교수, 자연언어 처리 및 정보검색의 대표 교과서를 저술한 스탠포드 대학

그림 22 **글로벌 기업의 동향**

기업	주요 움직임
구글	· AI의 세계적 권위자 레이 커즈와일(Ray Kurzweil) 초빙(2013). · 도쿄 대학 내 벤처기업 샤프트를 포함한 로봇 벤처 8개 회사 매수(2013). · 딥마인드 6.5억 달러(추정)에 매수(2014).
IBM	· 응답을 실행하는 인공지능 왓슨에 10억 달러 투자(2014). · 뇌신경 세포를 모방한 프로세서 TrueNorth 개발(2014). · 의료용 화상을 해석하는 머지 헬스케어(Merge Healthcare)를 10억 달러에 매수(2015).
페이스북	· 뉴럴 네트로 저명한 얀 루칸 교수 초빙(2013). · 자연언어 이해 벤처기업 Wit.AL 매수(2015) (저커버그 개인 자격으로 AI 벤처 'vicarious'에 4천만 달러 투자).
애플	· AI 관련 기업 VocallQ와 Perceptio 매수(2015). · AI 관련 전문가 86명 채용(2015).

크리스토퍼 매닝(Christopher D.Manning) 교수 등의 세계적 권위자를 고문으로 초빙하거나 공동연구를 추진하고 있다.

GE는 10억 달러 이상을 투자하여 캘리포니아주 산라몬(San Ramon)에 소프트웨어 센터 오브 엑설런스를 설립했다. CEO인 제프리 이멜트(Jeffrey Immelt)는 2011년에 "GE는 소프트웨어·어낼리틱스[5] 기업이 될 필요가 있다"고 선언하고, 1,000명 규모의 소프트웨어 기술자와 데이터 사이언티스트를 채용했다. 테슬라 및 애플 등도 대학에서 대량의 인재를 빼내가고 있다. 소니 등도 AI 채용을 별도로 진행할 계획이 있는 것으로 알려져 있다.

일본기업의 인재 획득 전략

자금력이 있는 대기업이라면 인재 획득을 위해 실리콘밸리 연구소를 설립하는 방법을 선택할 수 있지만 모든 기업이 이러한 방법을 따라할 수 있는 것은 아니다. 그렇다면 일반기업은 어떻게 인재를 확보해야 할까?

먼저 제휴를 통해 외부의 힘을 이용하는 방법을 생각해보자. 일본에서 AI에 정통한 인재를 찾는 경우, 기존의 업무 시스템 개발회사보다도 AI 기술을 가진 벤처가 효과적인 경우가 많다. 대학에서 연구한 기술을 강점으로 텍스트 처리, 화상인식, 감정인식, 리스크 추정 등 특정 분야에 특화된 서비스를 제공하는 벤처도 있다. 실제로 오픈 이노베이션의 일환으로 기술을 가진 상대와 제휴하는 경우가 늘고 있다. 혹은 산학연계로 대학의 연구자와 협력하는 방법도 생각할 수 있다. 벤처 및 연구자는 AI를 만들기 위한

---

5 Analytics란 대량의 데이터, 즉 빅데이터를 분석해서 의미있는 결과를 도출해 기업의 의사결정에 활용하는 것을 의미한다.

데이터를 갖추지 못했기 때문에 데이터가 있는 기업과 제휴하기를 희망한다. 달리 말하면 데이터를 보유하는 기업은 제휴상대를 찾기 쉽다는 것이다.

기부 강좌의 형태로 기업이 자금을 내고 대학에 강좌를 개설하여 AI 인재를 육성하는 방법도 있다. 도쿄 대학은 2016년에 AI 관련 연구소를 육성하는 첨단 인공지능학 교육 기부 강좌를 개설했다. 이 강좌에 드완고(Dwango), 도요타 자동차, 오므론(Omron), 파나소닉 등 8개 기업이 9억 엔을 기부했다. 한편 일본 대학의 AI 연구 수준은 유럽이나 미국에 비해 손색이 없다고 알려져 있다. 이는 이전 AI 붐 시기에 그 나름의 인재를 육성했기 때문이다. 다만 어디까지나 연구자이고 실제로 활용 가능한 서비스를 개발할 수 있는 인재는 유럽이나 미국이 보다 풍부하다.

제휴가 아닌 외부 인재를 사내로 끌어들일 경우, 일본에 적절한 인재가 없다면 인도인이나 해외 인재의 신규 채용도 생각해볼 필요가 있다. 실리콘밸리에는 인재가 풍부하지만 희망하는 연봉이 높아서 채용하려면 충분한 자금이 필요하다. 그 때문에 실리콘밸리에 진출하기 전의 유망한 인도인을 발견하여 비교적 적은 자금으로 고용하는 방법도 검토해볼 만하다. 구글처럼 기술자를 보유한 회사를 통째로 매수하는 방법도 있지만 AI계통의 벤처는 본래 수가 적을 뿐만 아니라 자금이 있는 일반 기업이라 해도 좀처럼 매수가 어렵다. 현재는 판매자 우위 시장으로 벤처회사가 매수될 회사를 선택하는 상황이다. 벤처는 제휴 상대에게 자금뿐만 아니라 데이터 및 신속한 의사 결정을 요구한다. 이것들이 받아들여지지 않으면 인재는 퇴사하고 이렇게 되면 본래 매수한 의미가 없어진다. 최종적으로는 매수한다는 전략으로 처음에는 제휴에서 시작하여 서로간의 이해를 공고히 해나가는 것이 가장 효율적이라 생각한다.

AI팀으로 대응한다

자사 내 AI 프로젝트 담당자는 어떠한 인재 전략을 취해야 할까? 대학에서 AI를 경험한 적이 있거나, 클라우드로 AI에 접해본 적이 있는 사람을 채용하면 될 것인가?

실제로 AI 프로젝트를 추진하는 데에 반드시 전문지식이 필요한 것은 아니다. AI 도구를 구사하여 AI 도입을 추진할 수 있는 인재면 충분하다. 다행히 AI 도구는 무료로 공개돼 있고 논문도 비교적 필요한 시기에 시의적절하게 발표되고 있으며, 읽을 논문을 추천해주는 해설자도 있다. 따라서 의지가 있는 사람에게는 정보를 모으기도 쉽고 AI를 사용하기 쉬운 환경이 조성돼 있다고 할 수 있다. 그렇다고 해도 실제 문제를 해결하기 위해서는 도구나 부품을 조합해야 한다. AI의 특징을 이해하고 어떻게 학습시켜야 할지 검토하기 위한 기본 역량이 요구된다. 보통의 방식으로 높은 효과를 보지 못한 경우에도 고민해서 성능을 내도록 개선할 수 있는 노하우도 필요하다.

AI 도구를 다룰 수 있는 인재를 확보했다고 해도 아직 필요한 요소가 남아 있다. 그것은 업무지식이다. 업무내용이나 업무과제를 정확히 파악하고 있지 못하면 효과적인 AI 도입은 어렵다. AI 담당자는 업무상 문제를 정확히 파악하고 적용할 곳과 예상 효과를 신중하게 생각해야 한다. 또한 제공된 데이터에 어떠한 의미가 있는지 업무지식을 활용하여 해석할 필요가 있다.

이상의 내용을 정리하면 이렇다. ① 비즈니스를 이해하고 있다, ② 데이터 분석이 가능하다, ③ 데이터 분석 프로그램을 시스템에 반영할 수 있다. 이 3가지 요소를 갖춰야 한다. 이것을 전부 혼자서 수행할 수 있는 인재는 그리 많지 않기 때문에 실제로는 개별 전문가를 모아 팀을 만드는 것이 현실적이다. 그 때문에 3가지 요소에 장점이 있는 인재들을 모아 균형을 갖춘 팀을 만드는 것이 중요하다.

데이터 획득: 기업 연계, 인수합병, 자사 수집

AI로 분석작업을 수행하려면 대량의 데이터가 필요하다. 그러나 AI를 도입하고 싶다는 문의를 받고 직접 데이터를 확인해보면, 데이터가 전혀 없거나 바로 이용할 수 없는 형태의 데이터인 경우가 있다. 데이터를 갖추지 못한 상황에서는 AI 도입을 추진해도 순조롭게 진행될 리가 없다. 어떠한 데이터를 수집하는가는 어려운 문제다. 현재 수집가능한 데이터를 전부 모아둔다는 전략도 가능하지만, 목적을 고려하고 역산하여 필요한 데이터를 유추하는 것도 중요하다.

데이터를 취득하는 방법에는 여러 가지가 있다. 가장 간편한 방법은 데이터를 가진 기업과 연계하는 것이다. 예를 들어 일본에서 데이터를 대량으로 갖춘 기업으로는 리쿠리트가 있다. 리쿠리트는 데이터를 대량으로 수집하면 거대한 가치를 만들어낼 수 있다는 것을 일찍 알아차린 기업이다. 컬처 컨비니언스 클럽(Culture Convenience Club Company, CCC)에는 상당한 사용자가 있기 때문에 T포인트카드와 같은 멤버십카드에 구매 행동 및 이용 금액 등의 데이터가 대량으로 축적돼 있다. 라인도 방대한 텍스트 데이터를 보유하고 있다. 사생활이나 법률 문제로 데이터를 사용할 수 없는 경우도 많지만 상호 장점이 있는 연계라면 이야기가 순조롭게 풀릴 가능성이 있다.

데이터를 갖춘 회사나 데이터 생성이 예상되는 회사를 매수하는 방식도 있다. 매수할 경우 구축된 데이터와 정기적으로 서비스를 이용하는 사용자를 동시에 획득할 수 있다면 금상첨화다. 사용자가 정기적으로 서비스를 이용하면 따로 관리할 필요 없이 데이터는 생성되고 쌓인다. 이것은 인터넷에 쌓인 정적인 데이터를 사는 것과 달리 꾸준히 최신 데이터를 입수할 수 있기 때문에 보다 매력적이다. 매수가 어려운 경우는 데이터 마켓플레이스에서 데이터를 구입하는 방법도 생각해볼 수 있다. 한편 코마츠처럼 자사 상품에 센서를 달아 스스로 데이터를 모으는 방법도 있다. IoT로 센서 정보의 수집이 용이해져 대량 수집이 가능해진 반면, 목적을 의식하지 않을 경우 불필요한 데이터까지 대량으로 수집하게 된다.

데이터 획득을 위한 기업의 동향

전 세계 기업들의 인수합병 뉴스를 살펴보면 데이터를 보유한 기업이나 수집능력을 갖춘 기업을 대기업이 매수하는 경향이 뚜렷해지고 있다. 예를 들어 IBM은 의료 데이터 서비스 제공회사 THA(Truven Health Analytics)를 매수하여 약 2억 명의 치료 데이터를 입수했다. 이것은 AI를 의료 분야에 활용하여 서비스를 제공하기 위한 포석이라 생각된다.

마이크로소프트는 사용자 4억 3,300만 명을 보유한 소셜 네트워크 서비스회사 링크드인(LinkedIn)을 인수했다. 링크드인은 2015년에 1.6억 달러의 적자를 기록했다. 방대한 수의 사용자가 생성하는 데이터에 매력을 느껴 매수를 결정한 듯하다.

구글은 스마트홈 디바이스를 개발하는 네스트(Nest)를 매수했다. 스마트홈 디바이스는 인터넷에 접속돼 스마트폰 및 태블릿, 웨어러블 디바이스와 친화성도 높고 다양한 데이터 수집이 예상되는 분야이다. 소프트뱅크는 영국의 반도체 제조업체인 ARM(Advanced RISC Machines)을 인수했다. ARM의 아키텍처(Architecture, 하드웨어와 소프트웨어를 포함한 컴퓨터 시스템 전체의 설계 방식)는 데이터 수집을 위한 디바이스에 많이 적용되고 있다. 매수액은 3.3조 엔으로 알려졌으며, 분석에 필요한 디바이스의 근간을 확보하기 위한 전략으로 평가된다.

에코 시스템의 구축: 네트워크 효과가 불러온 성장의 가속화

AI를 사용한 새로운 서비스를 제공할 때 중요한 키워드가 에코 시스템이다. 이것은 본래 생물학에서 말하는 '생태계'를 지칭하는 용어였지만 비즈니스의 세계에서는 복수의 기업이 파트너십을 맺고 상호 강점을 살리면서 업계의 틀과 국경을 넘어 공존공영하는 방식을 의미한다.

AI를 사용한 서비스는 사용하면 할수록 데이터가 축적되고, AI의 피드백을 통해 정확도를 높이는 구조를 구축하는 것이 중요하다. 새로운 시스템이나 서비스가 상호 유기적으로 연결돼서 시너지 효과를 일으키고 가치가 상승하는 윈윈(Win-Win) 관계가 최상의 선택이다. 즉, 사용자가 늘어날수록 가치가 상승하는 네트워크 효과가 발휘돼 서비스의 성장이 비약적으로 가속화된다.

예를 들어 T포인트 서비스는 다양한 비즈니스 및 산업에서 이용되고 있다. 츠타야(TSUTAYA, 일본의 비디오 대여 체인-옮긴이)에서 T카드로 비디오를 빌리고, 계산대에 비치된 30엔 할인권으로 도토루(Doutor, 일본의 커피 전문점-옮긴이)에 가는 것처럼 다른 상점을 이용하여 사용자가 자신의 가게를 이용하게끔 한다. 기업이 독자적인 포인트 시스템을 구축하기 위해서는 막대한 투자가 필요하다. 또한 확보할 수 있는 사용자의 수도 미리 알 수 없다. 그것에 비해 타사 서비스를 이용하는 경우는 비용이 저렴하고 다른 포인트 가맹점의 고객을 불러들일 수도 있다. 이처럼 T포인트와 같은 방식은 포인트 제공자와 이용자 모두에게 혜택이 된다.

퍼스널 어시스턴트의 에코 시스템화

애플의 시리, 구글 나우(Google Now), 마이크로소프트 코타나(Cortana) 등 AI의 최첨단을 달리는 각 사가 퍼스널 어시스턴트(Personal Assistant, 개인 비서-옮긴이)를 도입하고 있다. 아마존도 거치형 로봇 '아마존 에코'에 알렉사(Alexa)라 불리는 퍼스널 어시스턴트를 반영했다. 이러한 서비스를 제공하는 목적은 무엇일까? '스마트폰 화면은 작기 때문에 양손을 사용할 수 없을 때에는 음성입력이 편하다' '비서에게 하듯 부탁할 수 있다' 등 사용자의 편리성 향상을 목적으로 하고 있는 것처럼 생각하기 쉽지만 실은 에코 시스템을 구축하려는 목적이 보다 크다.

퍼스널 어시스턴트는 자택 등 개인적인 공간에서 힘을 발휘한다. 메신저와 달리 사용자가 한 사람인 상황에서도 사용되고 질문한 내용을 통해 흥미 여부를 파악할 수 있으며, 사용자에 대한 다양한 정보를 수집할 수 있다. 이러한 정보에 매력을 느끼고 퍼스널 어시스턴트의 주변에 다양한 서비스가 모여들면 퍼스널 어시스턴트로 이용할 수 있는 서비스가 확대된다. 예를 들어 다양한 점포가 퍼스널 어시스턴트와 연계되면 "이 근처에 어떤 가게가 있지?"라고 문의할 수도 있다. 사용자로서는 점점 편의성이 높아지고, 점포 입장에서 보아도 집객효과(고객을 끌어모으는 효과―옮긴이)를 기대할 수 있다.

여기에 네트워크 효과가 발휘되면 서로가 윈윈하는 상황이 조성된다. 이것이야말로 에코 시스템의 위력이다. 실제로 구글 및 애플은 에코 시스템을 견고히 하기 때문에 API(서비스 연계를 위한 방식)를 외부에 공개하고 있다. 일반기업이 API를 활용하여 퍼스널 어시스턴트에 연결되는 서비스를 제공하기 시작하면 큰 수익원이 될 가능성이 있다.

에코 시스템은 기업의 비약적인 성장을 가능하게 하는 수단이다. 왜냐하면 자사 보유의 자원이 부족하고, 단독으로 할 수 없는 상황에서도 타사의 힘을 빌려 할 수 있는 일이 점점 늘어갈 것이기 때문이다. 새로운 서비스에 의해 폭발적인 성장을 노린다면 에코 시스템의 형성을 염두에 둔 비즈니스 모델의 개발이 필수적이다.

딥러닝 도구의 무상 공개

딥러닝을 사용한 AI를 이용하려면 인공 뉴런의 연결방법과 레이어(layer) 수라는 뉴럴 네트워크의 구성을 설계하고, 대량의 데이터를 AI에 제공해서 학습시켜야 한다. 딥러닝과 관련한 도구는 이 작업을 간단히 수행하기 위한 것이며, 학술연구용으로 캘리포니아 대학 버클리캠퍼스가 카페(Cafe)라는 도구를 무상으로 공개했다. 최근에는 구글, 마이크로소프트, 페이스북, 아마존 등이 자사의 학습도구를 무상으로 공개하는 경향이 두드러지고 있다.

이러한 무상 공개의 목적은 자사의 학습도구를 중심으로 에코 시스템을 구축하기 위해서다. 예를 들어 구글의 텐소플로(TensorFlow)라는 학습도구의 주변에는 도구를 구사하는 수많은 개발자가 육성된다. 즉, 구글은 일부러 교육할 필요 없이 자사 도구에 정통한 개발자를 확보할 수 있다. 또한 도구를 사용하여 개발자가 다양한 AI를 만들어낸다. 동일한 도구로 생겨나는 AI는 모두 동일한 규칙에 의거한 프로그램으로 기술되기 때문에 구글은 그들이 개발한 AI와 자사의 AI를 간단히 조합하여 사용할 수 있다.

딥러닝은 아직 개발단계이기 때문에 도구의 공개를 통해 기술 혁신을 촉진시키고자 하는 의도도 있다. 일반 기술자가 간단히 딥러닝을 활용할 수 있게 되면 전 세계에서 새로운 아이디어가 탄생할 수도 있다. 또한 아무리 도구를 공개해도 대량의 데이터가 없으면 대기업과 동일한 서비스를 제공할 수는 없다. 따라서 데이터를 많이 보유한 구글은 도구를 공개해도 우위성을 유지할 수 있다.

일본기업은 이제까지 서비스 및 시스템을 자사 위주로 구축하여 이를 타사가 사용하지 못하게 하는 전략을 취하는 경우가 많았다. 그러나 앞으로는 에코 시스템의 힘을 활용하여 타사와의 공동창작으로 가치를 향상시킬 수 있다는 발상의 전환이 불가결하다. 다행히 AI의 활용은 아직 시작단계에 불과하다. 기업 스스로가 주도적으로 에코 시스템의 형성에 도전해도 좋다. 기존의 에코 시스템에는 관여할 수 없다 해도, 앞으로 성장해갈 에코 시스템에 참가할 수 있는 기회는 충분하다. 에코 시스템을 사용하여 자신들의 능력을 얼마나 효율적으로 강화시켜 나갈 것인가가 향후 성장 전략의 열쇠가 될 것이다.

6장

AI의 활용 포인트와 법적 문제

성공적인 AI 활용을 위한 사고법

IT벤더들이 수많은 성공사례를 광고해서 그런지 마치 AI 도입에는 실패가 없을 것 같은 인상을 갖게 된다. 그러나 실제는 면밀하게 검토하여 AI의 도입을 추진하지 않는다면 실패할 확률이 매우 높다. 기술적인 문제로 인해 기대한 결과를 얻지 못할 때도 있고, 본래 AI 도입을 위한 전제 조건을 충족하지 못한 경우도 있다. 여기에서는 우선 전형적인 실패 유형을 설명하기로 한다.

- 목적이 불분명한 채로 AI 도입을 추진했다.
  - 경쟁사가 하고 있기 때문에 우리도 해보자는 식으로 시작하면 실제 업무에서 가시적인 성과를 거두기 어렵다.

- 데이터가 정비돼 있지 않다.
  - 충분하다고 생각했는데 현장에 가보니 데이터가 없었다. 혹은 축적된 데이터는 있는데 오류가 많아서 학습에 사용할 수 없다.

- 투자 대비 효과가 저조하다.
  - 일정 성과는 얻었지만 투자대비 효과를 생각하면 저조하다.
  - 당해 업무가 발생하는 것은 연간 2개월 정도로 매년 갱신이 필요하다.
  - 아르바이트 10명이 수행할 수 있는 문제라면 시스템을 새롭게 구축하기보다 아르바이트를 고용하는 방법이 저렴하다.

- 직원의 협력을 얻지 못해서 진전되지 않는다.
  - AI가 도입시, 자신의 해고를 우려한 현장 담당자가 강하게 반발한다.

- 노동조합에서부터 문제가 불거져 프로젝트가 좌초되는 경우도 있다.
- 일반적으로 현장의 협력이 확보되지 않는 한 AI의 도입은 순조롭게 진행되지 못한다.

이처럼 AI의 도입은 테크놀로지 이외의 면에도 실패의 소지가 숨어 있다. 앞으로 진지하게 AI를 활용하고자 하는 사람들이 실패를 하지 않으려면 유의해야 할 사항이 있다. 아마 다음과 같은 사항을 염두에 두면 기대와 크게 다르지 않게 프로젝트를 성공적으로 진행할 수 있을 것이다.

AI는 꾸준히 육성해야 한다

AI는 패키지소프트와 같이 구입하여 도입한다고 해서 바로 성과를 낼 수 있는 것이 아니다. 클라우드로 제공된 AI라고 해도 도입 전에 많은 사전작업이 필요하다. 실제로 AI를 가동시키기 위해서는 지정 포맷에 맞추어 데이터를 변환시키거나 AI의 성능을 떨어뜨리는 오류 데이터를 삭제하는 등의 작업이 필요하다. 이 작업은 고도한 기술 및 수학적 지식을 요구하지는 않지만, 순조롭게 진행하려면 충분한 경험이 필요하고 시간도 소요된다. 그 때문에 가볍게 클라우드 서비스를 시작하는 듯한 마음으로 AI를 도입해서는 안 되며, AI를 꾸준히 육성해 나간다는 자세로 임해야 한다.

안건에 따라 다르지만 간단한 실험을 실시하는데 3~6개월 정도 소요된다. 극단적인 경우 AI를 반영하고 싶은 데이터가 갖춰져 있지 않으면, 처음 1년 동안 데이터를 수집하고, 2년째에 AI의 개발과 평가작업을 수행하고, 3년째에 실제 시스템을 개발하는 일정을 세우는 경우도 적지 않다.

AI 도입 기준은 효과와 실현 가능성

업무 효율화 목적으로 AI를 도입하는 경우, 큰 효과가 예상되는 업무부터 검토를 시작하는 것이 바람직하다. 예를 들어, 계속적으로 큰 비용이 투입되는 업무가 있다면 효율화가 가능한 업무인지 검토해볼 만한 가치가 있다. 물론 난도가 너무 높으면 순조롭게 진행되지 않기 때문에 효과와 함께 실현 가능성도 고려해야 한다. 실현 가능성을 확인하기 위해 단기간에 빠른 속도로 도입을 추진하는 방법보다는 부분적으로 테스트를 실시하고 어느 정도 정확도가 실현될까를 확인하면서 추진하는 방법이 효과적이다.

4장에서 확인했듯이, AI가 효과를 볼 수 있는 곳은 생산 현장뿐만이 아니다. 접객, 지원, 전문성 및 지적 판단이 요구되는 업무에도 AI의 도입 범위는 확대되고 있고, 궁리 여하에 따라 다양한 사용법이 가능하다. 자사의 상황 및 업무과제를 정확하게 파악한 뒤에 도입 대상이 되는 업무를 판단하는 것을 권장한다.

그림 23 **대폭적인 업무 효율화 실현**

산업용 로봇을 제조업에 도입함으로써 노동 비용을 최대 90퍼센트 삭감.

지적 업무에서 약 30퍼센트, 2025년까지 전 세계에서 9조 달러의 노동 비용 삭감.

출처: Disruptive technologies: Advances that will tranform life, business, and the global economy (https://www.mckinsey.com/insights/business_technology/disruptive_technologies).

딥러닝만이 AI인 것은 아니다

AI는 현재 기계학습을 이용한 방법이 주목받고 있지만 기계학습을 이용하지 않는 방법에도 유용한 알고리즘은 존재한다. 또한 기계학습에도 대량의 데이터를 필요로 하는 '지도학습(Supervised learning)'과 가동하면서 점점 학습해 가는 '강화학습', 정답 데이터를 필요로 하지 않는 '자율학습(Unsupervised learning)' 등이 있다. AI의 도입을 추진할 때 이와 같이 다수 존재하는 AI의 알고리즘에서 적절한 알고리즘을 선택하고 '데이터의 유무' '업무의 특성' 등을 고려하여 최적의 요소를 조합해 나가는 것이 중요하다. 최근에는 딥러닝이 주목받고 있기 때문에 "딥러닝을 도입했으면 한다"는 의뢰를 받는 경우도 있다. 그러나 해결해야 할 기술적 과제에 따라서는 여타 기계학습을 적용하는 편이 높은 정확도를 달성할 수 있는 경우도 있다.

통상적으로 AI가 학습하는 프로세스에는 상당한 연산 파워 및 메모리 사이즈가 필요하다. 알고리즘에 따라서는 통상의 데스크톱 PC로 처리가능한 경우도 있지만 딥러닝은 상당한 고성능의 하드웨어가 필요하다. CPU의 연산 속도로는 감당이 되지 않아, 그래픽 처리용 연산처리장치인 GPU로 연산하는 경우도 많다. 다수의 GPU가 탑재된 딥러닝 전용의 학습머신을 구입하게 되면 그만큼 투자액도 늘어나기 때문에 알고리즘의 선택은 매우 중요하다.

불확실성을 반영하다

AI 프로젝트가 이전의 정보 시스템 프로젝트와 결정적으로 다른 점은 불확실성에 있다. AI는 그 특성상, 가동해보지 않으면 어느 정도의 정확도를 달성할 수 있을지 알 수 없다. 불확실성이 높고 내부 내용을 알 수 없는 블랙박스 같은 상황의 리스크를 취하기 어려운 것도 사실이다.

그런 점에서 보면 해외 국가들은 이 같은 상황에 대해 전향적으로 AI로 무언가 가능할 것 같다고 판단되면 도전하는 경향이 있다. 한편 일본은 적용되면 어떠한 문제가 일어날 것인가라는 부분에 신중에 신중을 거듭하여 리스크를 철저하게 줄이려는 경우가 많다. AI를 효과적으로 활용할 수 있는 기업문화의 조성도 중요하다.

필요한 학습 데이터량은 문제에 따라 다르다

일반적으로 AI 프로젝트에서는 이용할 수 있는 학습 데이터량이 많으면 많을수록 AI의 특성은 개선된다. 그렇다면 어느 정도의 학습 데이터가 있어야 사용할 수 있는 것일까? 자주 받는 질문이다. 필요한 데이터량은 문제의 난이도 및 데이터의 질에 따라 변화하기 때문에 한 마디로 대답하기는 어렵다. 사용하는 알고리즘에 따라서는 학습 데이터를 조금씩 늘려감에 따라 향상되는 'AI의 정확도 향상 곡선'으로부터 어느 정도 예측하는 것은 가능하다. 유사한 안건을 찾아서 데이터량을 예측하는 방법도 있다.

정확도에 대해 기준이 있어야 한다

기계학습을 이용하는 경우 AI를 아무리 강화해도 정답률 100퍼센트에는 도달하지 못한다. 그 때문에 1퍼센트의 실수조차 문제가 되는 업무의 경우에는 AI 도입은 받아들여지기 어려울 것이다. 이것은 보통의 정보 시스템과 크게 다른 점이다. 일반적인 정보 시스템은 정확하게 움직이는 것이 당연하지만 AI의 경우는 틀리는 것이 당연하다.

AI에게 맡기는 업무는 인간이 담당한다고 해도 실수가 발생하는 경우가 많다. 따라서 인간과 비교해서 정확도가 높으면 된다는 식으로 나름의 기준이 필요하다. 역으로 말하면 100퍼센트의 정확도가 요구되는 업무에서는 AI가 만드는 결과를 그대로 받아들이지 말고 인간의 확인이 반드시 필요하다. 다시 말해, 규칙을 정하고 그것을 실천하는 것이 보통의 정보 시스템이라고 한다면, AI는 데이터를 대량으로 수집하고 거기에서 규칙이나 노하우를 도출하는 접근법이다. 그렇기 때문에 A사, B사와 같은 기술을 도입해도 학습하는 데이터의 질이나 양, 편차에 따라 정확률과 성장의 정도가 달라진다. 인간과 같이 개성이 드러나는 것이 AI의 재미있는 점이다.

프로세스 전체를 보고 AI의 도입을 검토해야 한다

예를 들어 심사 업무를 효율화하는 경우, 심사의 판단 부분만을 AI로 자동화하려는 경우를 생각해보자. 만약 그렇다면 심사결과를 보고하기 위한 서류작성에 많은 시간을 할애할 가능성이 있다. AI를 적용하는 경우 프로세스 전체를 보고 가장 효과적인 부분을 AI화해야 한다.

수직적 조직에 흔히 있는 자기부문 주의에 갇혀 검토하고 있지는 않은가에 대한 확인도 중요하다. 자기부문 업무를 효율화하는 것이 좋을지, 회사 내에서 활용 중인 시스템의 효율화를 추진하는 것이 좋을지에 대한 올바른 판단을 할 필요가 있다. 자기부문에 KPI(중요 업적 평가 지표)가 존재하면 회사의 전체의 이익보다 자기조직의 이익을 추구하는 경우도 있다. 그러나 그것은 AI를 효과적으로 활용하는 기회를 놓치게 되는 것일 수도 있다. 이들 문제는 각 부분 내에서 해결이 어렵기 때문에 경영층의 판단이 중요하다.

정보관리의 주의점

기밀 수준이 높은 데이터를 취급해온 기업은 정보를 관리할 때의 문제에 대해 일정 지식을 가지고 그 나름대로 관리 경험도 축적하고 있다. 그러나 AI 붐을 배경으로 신규 데이터를 모으기 시작한 기업은 데이터 취급에 주의해야 한다. 스마트폰 등의 보급으로 데이터의 수집은 쉬워지고 있다. 그러나 무엇이든 입수한 데이터를 부주의하게 사용하면 소송에 휘말릴 수도 있다.

수집한 데이터로 AI를 시범적으로 이용하고 AI 서비스를 제공하는 각 단계에서 개인정보 취급에 주의해야 한다. 예를 들어 특정 개인을 위한 추천 결과를 타인에게 보이는 경우다. 도서관의 아웃소싱 사례에서는 개인이 빌린 책의 이력을 기초로 추천하는 것이 문제가 됐다. 도서관에서 무엇을 빌렸는가에 대한 정보는 개인정보로 취급돼 외부로의 유출이 금지돼 있다. 정보는 당당하게 입수하고 당당하게 서비스를 제공해야 한다. 가능한 개인정보의 소유자와 윈윈하는 비즈니스 모델을 생각해서 자신의 정보를 사용하도록 유도하는 것이 중요하다.

여러 서비스를 통해 확보한 데이터를 조합하면 개인을 특정화할 수 있고, 이로인해 사생활이 침해되는 경우도 있다. 예를 들어 생년월일, 성별, 시간, GPS 정보가 세트로 된 데이터가 있다고 가정하자. 이 두 가지 데이터를 동시에 입수할 수 있다면, 높은 확률로 이름과 GPS 정보가 포함하여 누가 언제 어디에 있는지 파악할 수 있게 된다. 이와 같이 자사 이외의 데이터까지 가미해서 데이터를 누구에게 어디까지 보여줄 것인가를 고려해서 조심스럽게 설계하지 않으면 분명 장벽에 부딪히게 된다.

윤리적 문제: 실업보다 무서운 AI의 활용법

스탠포드 대학의 AI 100, 옥스포드 대학의 인류미래연구소(Future of Humanity Institute) 등 전 세계적으로 유명한 기관을 중심으로 AI를 둘러싼 윤리적 차원의 논의가 진행되고 있다. 일반적으로 강력한 기술은 인간이 제어한다기보다는 기술 진화에 따라 인간의 가치관이나 사회의 바람직한 모습을 규정한다고 알려져 있다. AI도 강력한 기술 중 하나이기 때문에 전 세계적으로 다양한 논의가 이루어지고 있다.

AI의 위협적인 측면과 관련하여 AI가 전쟁에 이용된다면 어떻게 될까를 생각해보자. 우리가 가정한 실험에서 AI를 탑재한 전투기가 인간이 조작하는 전투기에 압승했다. 아무리 훌륭한 조종사라고 해도 고속으로 선회하면 뇌에 혈액이 잘 공급되지 못하고 갑자기 눈이 보이지 않는 등 육체적인 문제가 발생하여 전투기의 성능을 최대한 이끌어낼 수 없다고 한다. AI에는 그러한 제약이 없고 전투기를 자유자재로 취급한다. 또한 360도 센서가 장착돼서 인간보다도 시야가 넓다.

인간을 인지하면 자동으로 총격하는 AI 병기도 개발할 수 있다. 드론에 폭탄을 싣고 자율운전을 통한 의도적 충돌도 가능하다. 이러한 병기는 이미 현재의 기술 수준으로도 실현할 수 있기 때문에 눈앞에 닥친 문제로 위험시되고 있다. AI 병기는 원격조작과 자율 동작을 조합하여 동작하도록 돼 있다. 전쟁을 해도 AI 병기를 이용하는 측에서는 인적인 피해가 발생하지 않는다고 생각할 수 있다. 자국에 피해가 발생하지 않으면 전쟁의 억제력도 없어지기 때문에 전 세계가 순식간에 위험한 방향으로 나아갈 가능성도 있다.

미국 창업가 엘론 머스크는 "AI는 원자력보다 위험하다"라는 취지의 주장을 펼친다. 원자력에는 엄중한 규제가 적용되고 있고 일반인은 원자력 설비에 가까이 갈 수 없다. 한편 그것과 유사할 정도로 위험한 AI는 왜 누구나 간단히 실험할 수 있는가를 지적했다. AI라고 하면 실업이 흔히 논의되지만 AI 병기도 실질적인 위협 문제로 검토돼야 한다.

광석차 문제

군사적 이용 이외에도 생각해야 할 문제가 있다. 자주 지적되는 것이 광석차 문제이다.

2가지 길로 나누어진 노선을 생각해보자. 그 위를 광석차가 달리고 있는데 도중에 브레이크가 고장났다고 해보자. 이대로 직전하면 그 앞에 있는 인간 5명이 희생된다. 갈림길에서 레버를 댕겨서 오른쪽으로 나아가면 그 앞에는 1명뿐이다. 이 경우, 어느 쪽을 선택해야 옳은 선택일까?

단순히 희생자의 수로 생각하면 직진하면 5명, 오른쪽으로 방향을 틀면 1명이기 희생되기 때문에 레버를 당기는 편이 피해가 적다. 그러나 운이 나쁜 1명은 본래 광석차가 통상 사용하는 노선상에 없었음에도 불구하고 피해를 당하게 된다. 이것은 '백열교실'로 유명한 마이클 센델 교수 외 여러 인사가 인용한 사고실험이다. 인간은 이 경우에 어떤 판단을 해야 할까? AI의 판단은 어떠해야 할까?

이것은 바로 자율주행과도 관련이 있는 문제다. 곧바로 가면 5명이 다치지만 돌아가면 1명만 다칠 경우 자율주행은 어느 쪽의 의사 결정을 해야 하는가?

당연하지만 정답은 없다. 그러나 자율주행 제조업체는 이 같은 문제에 신경을 쓸 것이다. AI를 활용하는 장면이 늘어남에 따라 이러한 판단에 머뭇거리는 경우는 이외에도 많이 발생할 것으로 생각된다.

사회적 이익

윤리면에서 해결되지 않은 탓에 제품의 시장 도입이 지연되는 것은 바람직하지 않다. 예를 들어 광석차 문제로 인한 책임 문제로 제조업체가 자율주행의 개발을 중지해버리는 경우, 그것은 과연 세계 및 사회에게도 바람직한 판단일까?

자율주행에 의해 인위적 실수가 줄어들어 사망자가 10분의 1이 된다면 사회전체로 볼 때 나쁜 이야기는 아니다. AI를 도입하면 교통사고를 줄일 수 있지만 기업이 스스로 노력하지 않기 때문에 사망사고의 수가 높은 채로 방치되고 있다는 시각도 가능하다. 의료 분야에서도 비슷한 문제가 적용된다. 게놈 정보는 궁극적인 개인정보라고 할 수 있다. 따라서 취급 시 조심해야 하지만 가능한 대량의 데이터를 수집하여 분석하면 의료 발전으로 수명이 늘어날 수 있고, 의료비를 대폭 줄이거나 예방의학이 진전된다. 정보 누설 리스크에만 주목하지 말고 데이터를 대규모로 수집하는 것이 기업뿐만 아니라 개인적 측면에서도 장점이 있을지도 모른다. 이것은 사회적 수용과도 관련이 있지만 부차적인 요소들이 문제돼 전체의 이익이 영향을 받는 문제는 앞으로 꾸준히 논의될 것이다.

법적 문제: AI가 사람의 권리를 재정의하다

최근 IoT의 확대로 다양한 물건 및 장소에 카메라가 설치되고 있다. 이것은 어떤 의미에서는 감시 사회화될 수 있는 상황이라고도 볼 수 있다. 1년 내내 어디서나 감시받으면 매우 살기 힘든 세상이 된다. AI가 모든 사소한 악행도 찾아내 버리는 세상에서 인간의 논리 및 법률은 어떠한 모습을 해야 할 것인가?

예를 들어 거리에 설치돼 있는 감시카메라가 모든 사소한 교통위반도 적발해내는 경우, 사소한 교통위반은 넘어가주는 권리도 있는 것 아니냐는 논의가 가능할 수도 있다. 또한 기업이 데이터를 다수 수집하여 자신에 관한 좋은 정보뿐만 아니라 나쁜 정보도 모두 파악하는 경우, 지인에게는 좋은 부분만을 보이고 싶은 권리가 있지 않을까? AI 및 IoT 등이 진화됨에 따라 사생활권, 우행권,[6] 자기결정권, 묵비권 등 모든 권리가 재정의되는 시대가 될 것이라고도 한다.

이것은 매우 중요한 주제로 세계 여러 국가에서 논의되고 있다. 다만 이러한 논의는 활발해지고 있지만 본질적으로 일정한 합의에 도달하기 어려운 측면이 있다.

저작권을 둘러싼 논점

비즈니스 관점에서는 특히 AI가 생성한 콘텐츠의 저작권이 논점이 되고

---

6 우행권이란 타인이 어리석은 행위라고 판단한 것이라 하더라도 본인이 만족하고 주변에 피해를 끼치지 않는다면 방해받지 않을 자유권을 의미한다.

있다. 현행 법률을 알지 못하고 마음대로 자신들에게 권리가 있다고 생각하는 경우도 있다. 저작권을 전혀 생각하지 않고 AI에 의해 콘텐츠를 생성하면 나중에 분란이 생길 가능성도 있기 때문에 대략적인 내용이라도 알아두어야 한다.

저작권에서 창작물의 정의는 '사상 또는 감정을 독창적으로 표현한 것'이다. 그런데 AI에는 사상도 감정도 없다. AI가 생성한 콘텐츠는 창작물에 해당하지 않기 때문에 당연히 저작권도 발생하지 않는다. 이 점에 대해서는 전문가 사이에서도 마땅한 이론이 나오지 않았기 때문에 AI가 자동으로 창작한 콘텐츠는 누구나 이용가능한 공공 도메인으로 받아들이는 상황이라고 할 수 있다. 이는 기업이 AI를 사용하여 콘텐츠를 만들어도 그 저작권은 보호되지 않는 상황이라는 뜻이다. 그러나 보통은 자사가 만들었기 때문에 자사의 것이라고 생각하기 쉬워서 주의가 필요하다.

정부의 지적재산권 전략 본부 산하에 설치된 차세대 지적재산 시스템 검토 위원회에서는 그 외에도 관련 과제를 인식하고 정기적으로 논의가 이루어지고 있지만 아직 해결책을 제시할 정도에는 다다르지 못하고 있다. 예를 들어 이런 과제도 있다.

· 어디까지 AI의 작성범위로 볼 것인가?

AI가 만들어내는 것에도 AI가 거의 100퍼센트 창작한 경우와, AI의 지원을 받아 인간이 창작한 경우 2가지를 생각할 수 있다. 후자라면 인간의 노력이 들어가기 때문에 사상이든 감정이든 표현된 콘텐츠에 반영되기 때문에 저작권이 발생하게 된다. 그렇다면 어느 정도의 비율까지 AI가 자동으로 창작하면 저작권이 발생하는 것일까? 혹은 발생하지 않는 것일까?

예를 들어 인간이 버튼을 누르고 이후에는 전자동으로 AI가 창작하는 경우는 저작권이 발생하지 않는다는 의견이 지배적이다. 그러나 인간이 약간의 설명문을 더한 경우에는 어떻게 될까?

AI가 만든 창작물과 인간이 만든 창작물은 구별이 어렵다. 그것을 역이용하여 AI에게 만들게 한 것을 자신의 작품이라고 주장한다면 저작권으로 보호받을 수 있는가? 그것을 구별하기 위해서는 어떻게 해야 할까? AI에는 학습에 이용한 데이터가 존재하기 때문에 AI가 무엇을 참고로 창작했는가를 추적할 수 있다. 도작 의혹이 생긴 경우에 추적이 용이해질 가능성도 있다.

• 모방의 책임은 누구에게 있는가?

AI가 자기 멋대로 콘텐츠를 자동 생성하여 웹상에서 공개한 경우, 그것이 타인의 작품과 유사한 경우에 누구에게 책임이 있는 것일까? AI가 아니라 AI를 운용하는 사람 혹은 회사일까?

• 권리 기간은 언제까지인가?

저작권은 사후 50년에 걸쳐 권리가 부여되지만 AI는 죽지 않는다. 저작권이 인정되는 경우는 사후가 아니라 작성 이후의 기간을 기준으로 정해야 할까?

• 저작권의 포위 전략에 어떻게 대응할 것인가?

AI에게 저작권이 인정되면 AI가 맹렬한 속도로 새로운 콘텐츠를 생성할 수 있는 점을 악용하는 기업이 등장할 우려가 있다. 다수의 컴퓨터를 동시에 실행시켜 모든 유형의 창작물을 축적한다. 그리고 조금 유명해진 창작물이 등장하면 "당신이 만든 창작물은 우리가 축적한 창작물과 유사하다" 라고 고소하는 비즈니스 모델까지 성립될 수도 있다. 이러한 현상에는 어떻게 대응할 것인가?

법정에서 다툰다고 해도 1초에 1개의 비율로 새로운 창작물이 나오는 상황에서는 소송거리가 넘쳐나게 된다. 현재의 재판소 규모 및 방식으로는 대응하기 어려울 것이다.

·저작권이 보호받지 못하는 경우는 어떻게 할 것인가?

AI가 콘텐츠를 만들어도 저작권이 인정되지 않고 누구나 자유롭게 사용할 수 있게 되면 비즈니스는 성립될 수 없다. 지적재산제도의 목적은 권리를 부여하여 보호하는 것이 아니라 활용을 통해 경제 및 사회를 발전시키는 것에 있다. 특허법의 제1조는 "발명의 보호 및 이용을 도모하여 발명을 장려하고 좀 더 산업의 발달에 기여하는 것을 목적으로 한다"고 규정돼 있다. 저작권법의 제1조에도 "공정한 이용에 유의하면서 저작자 등의 권리보호를 도모하고 문화의 발전에 기여하는 것을 목적으로 한다"고 규정돼 있다. AI가 작성한 콘텐츠가 보호되지 않게 되면 경제 및 사회는 발전하지 못할 것이다.

·국가마다 권리가 다른 경우

창작물이 국경을 넘게 되면 어떻게 될까? 미국에는 '페어뉴스'라는 사고방식이 있다. 특정한 사용 목적일 경우에는 저작권을 그다지 신경 쓰지 않고 그 콘텐츠를 사용하게 하는 제도이다. 그렇기 때문에 미국에서는 콘텐츠 사용을 둘러싼 논의는 그다지 활발하지 않다고 한다. 국경을 넘는 순간 콘텐츠의 취급방법이 달라지게 되면 비즈니스는 더욱 어려워진다.

이상의 과제에 대해서 그 어느 것도 해결의 실마리가 보이지 않는다. 기업으로서는 이러한 문제가 있다는 점에 유의할 필요가 있다.

기업의 대응책: 페일 세이프(Fail-safe), 허락, PDS

기존 IT 시스템은 시험을 통해 정상적으로 작동하는 것을 담보하고, 인명에 관계한 오작동이 일어나지 않음을 보증한다. 그러나 지금까지 언급해온 것처럼 AI는 100퍼센트 정확하게 작동하지 않는다. 오작동을 일으킬 경우에 대비하여 페일 세이프(fail safe, 시스템에 사고나 고장 등이 발생했을 때 피해가 확산되지 않도록 하는 것–옮긴이) 방식을 별도로 구축할 필요가 있다. 구글과 옥스포드 대학 연구자는 2016년에 고도로 발달한 AI가 인간의 명령에 따르지 않거나 인간에게 위해를 가할 경우에 대비하여 그 행동을 멈추게 하거나 변경시키기 위한 '비상정지 버튼'을 제안했다. 이 버튼을 누르면 로봇이 'AI가 행동의 정지 및 변경을 스스로의 의지로 결정했다'라고 생각하게 하는 구조로 돼 있다. 이것은 일종의 페일 세이프 메커니즘이라고 할 수 있다.

그러나 실제로 오작동이 발생했을 때를 생각해보자. 예를 들어 자율주행 시에 자동차 사고를 일으킨 경우, 운전하는 측에 책임이 있는 것인가, 제조업체 측의 책임으로 할 것인가에 대해서는 심도있는 논의가 필요하다. 제조업체 측의 책임을 너무 무겁게 하면 자율주행은 보급되지 않는다. 리스크를 분산하기 위해 보험을 드는 등의 조치가 필요해진다.

의료부분에서도 유사하게 AI에 의한 진단이 틀린 경우의 책임 문제가 존재한다. 그 때문에 현재 상정되는 AI의 이용상황은 어디까지나 2차 소견(Second Opinion) 및 의사의 진단지원 등에 한정되고 있다. 미국 등 제외국은 실패를 두려워하지 않고 개발을 추진하는 경우가 많지만 일본은 실패에 대해 신중하기 때문에 논의가 제자리를 맴도는 상황이 되기 쉽다. 이것은 일본의 산업계와 사회전체에도 불리하게 작용할 우려가 있다. 기업은 실패를 전제로 하는 동시에 기업의 생명을 위협할 만큼 실패의 책임이 커지지 않도록 밸런스를 취하는 것이 중요하다. 이것은 기업의 노력만으로는 부족하며, 국가와 사회가 함께 해결해 나가야 한다.

허락받는 것이 철칙

AI를 개발할 때에는 센서의 정보 및 영상과 음성, 텍스트 정보 등의 대량 데이터를 수집하게 되지만 데이터 수집과 관련하여 당사자의 허락을 얻는 것이 규칙화돼 있다.

콜센터의 대화는 장래의 서비스 향상을 위해 녹음한다는 것을 고객에게 정확히 설명하고 데이터 수집의 양해를 구해야 한다. 거리 및 가게 내 대화를 통지없이 녹음해서 서비스 향상을 위해 이용한다면 소송당할 수도 있다. 구매 데이터 그 자체는 개인을 특정화할 수 있는 정보이지만, 아마존의 추천 서비스처럼 대량의 구매 데이터를 집약하고 AI로 해석하여 통계 정보화하면 개인을 특정화할 수 없게 된다.

데이터로부터 개인을 특정화할 수 있는 정보를 삭제하고 유통시키는 방법도 검토되고 있다. 다만 현재는 완전한 데이터의 익명화는 어렵기 때문에 익명화하면 유통시켜도 된다는 식의 규칙이 정비돼 있는 것은 아니다.

이와 관련한 동향에 대해서는 향후에도 주의해 나갈 필요가 있다. 만약 개인을 특정하는 정보가 포함돼 있지 않았다고 해서 철도회사가 승하차 데이터를 유료로 공개한다거나 도시에서의 이동 데이터를 외부에 제공하는 것은 일반시민의 반발을 불러일으킬 수 있다. 위치정보는 민감한 정보이기 때문에 각 개인의 그냥 싫다는 반응은 충분히 이해할 수 있다. 개인정보의 취급에 대해서 미국 법률은 비교적 관대하지만 유럽의 법률은 상당히 엄격하다. 전 세계로 전개하는 경우는 이러한 법률면에서의 고려도 필요하다.

데이터의 집중 관리라는 구상

개인정보 취급 문제로 데이터의 활용이 진전되지 못하는 상황에 대해 퍼스널 데이터 스토어(PDS) 방식이 검토되고 있다. PDS는 분산형과 집중형으로 나누어진다. 분산형은 스마트폰 등의 단말기에 개인정보를 보관하는 방식이다. 이것은 기업이 아닌 개인이 정보를 잘 관리할 것이라는 생각에 기인한다. 기업이 정보를 이용하고자 하는 경우에는 개인에게 연락하여 정보 제공을 의뢰하고 허락권을 얻은 경우에만 데이터를 활용하는 방식이다. 이 경우 개인의 단말기에 데이터가 분산돼 보관되기 때문에 분산형이라고 한다.

한편 집중형에는 데이터 은행이라는 개념이 있다. 정보수집 시에 개인 한 사람 한 사람에게 사용허가를 얻는 것은 기업이나 개인에게도 부담이고 비효율적이다. 그래서 개인정보를 한곳에 집중시켜 관리하려는 것이 데이터 은행이라는 개념이다. 이 방법이 보안면에서는 장점이 있지만, 현재 다양한 장소에 분산된 정보를 한곳에 집중시키는 것은 간단히 실현될 수 있는 문제가 아니기 때문에 향후 추진계획은 불투명한 상태이다.

현재는 데이터 소유권이 애매한 상황이지만 '기업이 수집한 정보에서 자신에 관한 정보는 자신에게도 소유권이 있다'고 전 세계 개인 사용자가 요구하기 시작하면 수습이 되지 않는다. 각 기업이 데이터를 유지하지 않고 한곳에 집중관리하며 이 정보는 A회사에 제공해도 좋지만 B회사는 제공대상이 아니라는 등의 정보 삭제를 지시할 수 있다면 개인 입장에서도 납득할 가능성이 있다. 이용객이 모르는 사이에 데이터가 축적되고 심지어 오류 데이터가 섞여 들어간다면, 개인이 알지 못하는 사이에 신용도가 낮아지거나 카드로 돈을 빌리는 행위가 어려워지는 문제도 있다. 이와 같은 문제가 발생하지 않으려면 데이터 수집 시에 세심한 주의가 필요하다.

잊힐 권리와 데이터 포터빌리티권(Right to Data Portability)[7]

유럽에서는 잊힐 권리(소거권)가 필요하다는 목소리가 커지고 있다. 발단은 프랑스 여성이 자신의 과거 누드사진 소거를 구글에 요구하고 재판에서 승소한 사건이었다. 일본에서도 2015년 사이타마 재판정이 자신의 과거 범죄에 관한 기사를 구글 검색결과에서 삭제할 청구를 인정하는 판결을 내렸다. 하지만 2017년 1월에는 최고재판소가 "사생활이 공개되지 않음으로써 얻는 이익이 검색 사이트의 표현의 자유와 비교해서 우월한 정도가 분명할 때 소각이 인정된다"는 판결을 내리고 삭제를 인정하지 않는 판결을 내렸다. 이 건은 결국, 유럽에서는 삭제 청구가 있으면 해당 데이터를 삭제해야

7 데이터 포터빌리티권이란 정보이동 요구권으로 번역되며, 자신에 관한 개인정보가 특정인에 의해 독점적으로 처리되는 것을 방지하기 위해 개인정보를 자신이나 제3자에게 이전할 것을 요구할 수 있는 권리를 의미한다.

한다는 법률이 정비됐기 때문에 구글도 데이터 삭제를 받아들일 수밖에 없었다. 그러나 구글은 "이와 같은 삭제 의뢰를 받았다"는 정보를 별도 공개했기 때문에 당사자들로부터 삭제하지 않는 것과 다를 바 없다라는 반발을 받고 있다. 이러한 구글의 대처는 정치가 등이 자신에게 불리한 정보의 삭제를 구글에게 의뢰해올 경우에 대한 대응 조치이기도 했다.

데이터 포터빌러티권이라는 것이 있다. 이것은 특정한 무료 메일 서비스를 지속 사용하게 되면 다른 좋은 서비스가 등장해도 전환하기 어렵기 때문에 데이터를 개인이 내려받을 수 있게 하고, 다른 업자에게도 제공할 수 있게 하는 권리이다. 이는 데이터의 독점을 추진하는 구글 등에는 위험 요인이지만, 중소기업에는 이용자가 데이터를 휴대할 수 있도록 기능 개선을 요구한 것이기 때문에 일종의 부담으로 작용한다. 보유하는 데이터가 어느 정도 규모를 넘었을 때 이 기능을 추가해야 하는가에 대해서 논의가 진행 중이다.

7장

AI 붐은 곧 끝난다

붐은 머지않아 끝나지만 기회는 그때부터다

예전의 AI 붐을 경험한 사람은 이번에도 붐으로 끝나지 않을까 하고 우려한다. 이번 붐은 진짜일까, 이제까지의 붐처럼 기대만 하고 끝나지 않을까라고 말이다. 딥플래닝의 본질은 특징을 파악하여 개념을 획득하는 것에 있다. 이것은 이전의 기술에서는 실현하지 못했던 것이고, 그런 의미에서는 새로운 세계가 열렸다고 말할 수 있다. 그러나 AI가 인간처럼 무엇이든 스스로 배워가는 것은 아니다. 모두가 그러한 한계점을 인식하게 되면 과도히 부풀린 기대가 시들어버릴 가능성은 높다.

당연한 얘기지만 붐이 일어난 이상 끝은 온다. 필자들은 슬슬 AI 붐이 끝나도 좋지 않을까라고 생각하고 있다. 붐은 끝나도 진화된 AI는 남는다. AI의 성능이 크게 향상됐고 적용 영역은 크게 확대됐다. 세계적인 AI기술 개발에 대한 방대한 자원 투입은 앞으로도 계속돼 AI는 지속적으로 진화할 것이다. 그 가운데 반드시 새로운 영역에서 이용돼 정착하는 우수한 AI가 등장할 가능성은 매우 높다. 따라서 붐이 끝을 고해도 손을 떼지 않고, AI의 진짜 모습을 알고 현명하게 사용하면 향후 기업의 경쟁력에 큰 영향을 미칠 것이다. AI의 지속적인 육성은 중요하다. 3년 걸려 육성한 AI를 타사가 모방하는 데는 3년이 걸린다. 꾸준히 실천해 나가는 것이야말로 AI가 기업 경쟁력을 강화시키는 지름길이다.

예를 들어 게이미피케이션은 한때 큰 붐이 일었지만 현재는 수그러들어 다루는 매스컴도 매우 적다. 그러나 주변의 풍조에 휩싸이지 않고, 착실히 도입을 추진한 기업은 지금 큰 효과를 거두고 있다. AI에 대해서도 같은 전략을 취해야 할 것이다. 붐이 수그러드는 순간이야말로 진정한 기회가 있는 시점이다.

정말 일의 절반이 사라질까?

현재의 상황을 보면 모든 것을 AI로 처리할 수는 없으며, 인간만이 할 수 있는 일도 많다. 일에 따라서는 완전히 대체되는 부분이 있을 수 있지만 인간과 AI가 함께 공존해 가는 영역이 보다 일반적이지 않을까 생각한다. 공존의 방식에는 2가지가 있다. 인간 업무의 일부를 AI에게 맡기거나, 업무 대부분을 AI에게 맡기고 일부만 인간이 수행하는 것이다. 예를 들어 드론으로 물건을 이동하거나 운항하는 것은 어렵지 않지만, 물건을 놓을 위치에 대한 판단은 의외로 어렵다. 착지가 가능한가, 거기에 놓아도 물건이 더럽혀지지는 않는가, 통행에 불편을 주지는 않는가, 다양한 체크포인트가 있다. 앞으로는 AI가 대부분을 실행하고, 어려운 부분만 인간이 지원하는 방식이 늘어날 것으로 생각된다.

한편 인간과 AI의 분업이 아닌, AI가 인간의 능력을 증강시키는 방식도 있다. 이것은 '인간 확장(Human Augmentation 혹은 Augmented Human)'이라고 불리는 개념이다. 인간 확장은 말 그대로 인간의 능력을 AI나 그 외 선진기술을 활용하여 증대시키는 것이다. 예를 들어 강화복(Powered Suit)으로 무거운 것을 들거나 들어갈 수 없는 곳에 들어가거나, 보이지 않는 것을 보이게 하는 경우다. AI와 인간을 조합하여 어떻게 인간의 힘을 강화시켜 보다 나은 결과를 낼 수 있을까에 대한 생각은 건설적이며 가능성을 확대시킨다.

체스 시합에서도 컴퓨터와 인간이 연계하여 싸우는 새로운 경기가 개발됐다. 인간과 대결할 후보를 AI가 제시하면 인간이 선택하게 하거나, 인간이 "이 수는 어떠냐?"라고 AI에게 상담하는 연계방식도 생각할 수 있다.

체스에서 이전과는 다른 흥미로운 게임이 등장할지도 모른다.

AI의 범용화와 마인드셰어

필자들은 미국의 AI와 일본의 AI중 어느 쪽이 우수한가라는 질문을 자주 받는다. 일본은 이대로 경쟁에서 밀리는 것은 아닐까라고 우려하는 사람이 많다. 현재 AI 관련으로 벤치마킹되는 기업은 페이스북, 구글, 애플, 아마존, 마이크로소프트 등이다. 미국은 세계적 규모로 거대한 데이터를 보유한 기업이 많을 뿐만 아니라 알고리즘 개발 분야에서도 선두를 달리고 있다. 현재로서는 데이터를 많이 축적하고 우수한 AI를 만들어 그것을 활용하는 기업이 유리하다. 그런 의미에서는 미국기업이 앞서가고 있다. 그러나 최종적으로 기술은 언젠가는 범용화될 것이다. 단기간에 일반화돼 누구나 고성능 AI를 사용할 수 있게 될 가능성도 높다.

성능보다 다수의 인력 투입에 치중하던 체재가 AI로 교체되고 누구나 전문 지식에 간단히 접근할 수 있게 된다. 고성능을 갖춘 다양한 AI가 저렴한 가격에 공개되고, 누구나 AI를 조합하여 새로운 서비스를 간단히 만들어낼 수도 있다. 그렇게 되면 승자는 누가 될 것인가?

바로 마인드셰어(mind share, 상품 및 브랜드에 대한 소비자의 인지 정도)가 높은 제품, 혹은 서비스를 제공할 수 있는 기업이다. 결국 자사와 유사한 범주의 서비스 대비 얼마나 더 주목받거나 선호되는지가 사용자의 마음을 결정하는 주요 요인이다. 즉, 추천하기 전부터 구매 품목이 결정돼 있다면 AI로 아무리 훌륭한 코멘트를 제공해도 큰 의미가 없다. 예를 들어 어느 환자에게 A 의사를 추천해도 별개의 B 의사를 마음으로 신뢰하고 있는 환자에게는 AI의 조언은 귀에 들어오지 않는다. 달리 말하면 아무리 AI로 우수한 성능을 실현해도 기업이 제공하는 본질적인 가치가 약하면 사용자의 마음을 붙잡을 수 없다는 것이다. AI 경쟁에서도 AI 자체보다는 AI를 포함한 AI 서비스 전체로 어느 정도 마인드셰어나 하트셰어를 높일 수 있는가가 진정한 승부의 포인트가 된다.

일본기업이 살아남기 위해서

이 책에서는 다양한 관점에 입각하여 비즈니스에 관한 AI 동향에 대해서 살펴보았다. 필자들도 자주 받는 질문이지만 AI가 미래에 어느 수준까지 진화할 것인가를 예측하기는 무척 어렵다. 혹시라도 옥스포드 대학의 오즈본(Osborne) 교수가 예측(121쪽 참조)한 것과 같은 속도로 직장을 잃어버릴 수도 있다. 그러나 인구가 감소하는 일본에서는 생산성을 높이기 위해 AI 활용은 필연적이다.

전 세계가 과감하게 AI의 도입을 추진하여 생산성을 높여가는 가운데 일본만이 고용 상실이나 리스크를 우려하여 소극적인 태도를 취한다면 국제 경쟁력을 유지하기 어려울 것이다. 이것은 6장에서 다룬, 일본에게 닥친 '트롤리(trolley) 문제'라고 할 수도 있다. 물론 실제 비즈니스에 AI를 적용하는 것은 그다지 간단하지 않다. 그렇기 때문에 AI가 얼마나 실용적인가, 예상되는 도입 효과를 어느 정도인가에 대한 생각을 정리하고 적용해야 한다. 비록 지금은 가능하지 않더라도 미래에는 사용 가능한 범위가 확실히 확대될 것이다. 기술이 완성되기를 기다리는 것도 하나의 방법이지만, 지금의 기술로 시작하는 것도 큰 의미가 있다고 필자들은 생각한다.

기술 진화는 빠른 속도로 진행 중이며, 이른 단계부터 준비하지 않으면 경쟁자보다 뒤처진다. 사용자가 거의 없는 시기에서 시작하면 시대를 앞서는 유일한 서비스 개발의 기회를 손에 넣을 수도 있다. 적극적으로 새로운 기술에 도전해보는 자세가 중요하다. 거듭 말하지만 AI를 목적화해서는 안 된다. 중요한 것은 어디까지나 'AI 기술로 이러한 것이 가능하지 않을까?'라는 형식으로 접근해야 한다. 이 기술이 전 세계를 어떻게 변화시킬 것인가라는 논의에서 한발 더 구체적으로 주변의 과제에 근접시켜서 생각해보길 바란다. 만능 AI의 이미지에 현혹되지 말고 진정한 AI 모습을 정확히 파악하자. 그 후에 자신의 비즈니스에 새로운 변화를 불러올 요소의 하나로 AI를 대하고 그 활용에 임해보길 바란다. 그 과정에서 이 책이 조그마한 도움이 되면 더할 것이 없겠다.

AI의 올바른 모습이 전달되기를 기대하며

자, 이제 AI에 대한 오해가 조금이나마 풀렸기를 기대한다. 진실을 전달하고자 다소 부정적으로 기술한 부분도 있지만 이 책을 통해 AI의 올바른 모습이 전달돼서 비즈니스에서 활용이 진전되기를 기대해본다.

이 책은 AI 서적이면서도 게놈 편집 및 자율주행 등 여러 방면에 걸친 분야의 동향에 대해서도 다루고 있다. 이 책을 읽고 "이것이 AI 책이 맞나?"라고 의문을 갖는 독자가 있을지도 모르겠다. 이 같은 내용으로 집필한 이유는 독자에게 AI가 '무엇이든 대답해주는 편리한 기술'이라는 선입견을 버리고, 진정한 의미에서 AI를 이해하기를 원했기 때문이다. 또한 AI의 역동적인 특성과 무한한 가능성을 공유하기를 기대했다. 'AI는 비즈니스의 모든 방면에서 적용가능하다'라고 인식하게 된다면 이 책의 목적은 어느 정도 달성한 것이다.

이 책에서 소개한 폭넓은 정보는 필자들이 조사, 논의, 경험을 통해 얻은 것이다. 집필에는 세심한 주의를 기했지만 필자들은 어디까지나 AI 전문가이며, 다른 분야에는 정통하지 못하다. 각계 전문가의 시점에서 보면 불편함을 느낄 부분이 있을 수 있지만, 너그러이 이해해주기를 부탁드리고 싶다.

이 책을 집필하면서 필자들은 AI의 정의를 폭넓게 파악하려고 했다. AI에는 기계학습뿐만 아니라 시뮬레이션 및 규칙 기반처리까지를 포괄적으로 포함하고 있다. 이는 AI를 좁게 이해하여 본질을 못 보는 것을 방지하기 위해서이다. 고도한 AI만이 진짜 AI라고 한다면 고도한 AI를 도입하는 것 자체가 목적이 된다. 그러나 AI를 도입하는 목적은 미래 '비즈니스의 성공'을 위함이다. 애플의 시리에도 일부 종래형 AI인 규칙 기반 처리가 도입돼 있듯이 기술의 신구에 현혹되지 않고, 적재적소에서 AI를 적용해 나가는 것이 무엇보다 중요하다.

저자 일동

AI 비즈니스 전쟁

미래 비즈니스에서 살아남는 AI 활용법

초판 1쇄 발행일 2018년 3월 7일

지은이 히구치 신야, 시로츠카 오토야
옮긴이 이음연구소
펴낸이 박영희
편집 김영림
디자인 조은숙
마케팅 김유미
인쇄·제본 AP 프린팅
펴낸곳 도서출판 어문학사
서울특별시 도봉구 해등로 357 나너울카운티 1층
대표전화: 02-998-0094/편집부1: 02-998-2267, 편집부2: 02-998-2269
홈페이지: www.amhbook.com
트위터: @with_amhbook
페이스북: https://www.facebook.com/amhbook
블로그: 네이버 http://blog.naver.com/amhbook
다음 http://blog.daum.net/amhbook
e-mail: am@amhbook.com
등록: 2004년 7월 26일 제2009-2호

ISBN 978-89-6184-465-9 03320
정가 15,000원

이 도서의 국립중앙도서관 출판예정도서목록(CIP)은 e-CIP 홈페이지(http://www.nl.go.kr/ecip)와 국가자료공동목록시스템(http://www.nl.go.kr/kolisnet)에서 이용하실 수 있습니다.
(CIP제어번호: CIP 2018005176)